DRC

国务院发展研究中心研究丛书 2021

提升产业基础能力和产业链现代化水平研究

马建堂 主编

RESEARCH ON IMPROVING BASIC CAPABILITIES OF THE INDUSTRY AND MODERNIZATION OF THE INDUSTRIAL CHAIN

国务院发展研究中心产业经济研究部课题组 著

中国发展出版社
CHINA DEVELOPMENT PRESS

图书在版编目（CIP）数据

提升产业基础能力和产业链现代化水平研究 / 国务院发展研究中心产业经济研究部课题组著. — 北京：中国发展出版社，2021.12（2022.4重印）
ISBN 978-7-5177-1278-7

Ⅰ. ①提… Ⅱ. ①国… Ⅲ. ①制造工业—产业链—现代化建设—研究—中国 Ⅳ. ①F426.4

中国版本图书馆CIP数据核字（2021）第262753号

书　　名：提升产业基础能力和产业链现代化水平研究
著作责任者：国务院发展研究中心产业经济研究部课题组
出版发行：中国发展出版社
联系地址：北京经济技术开发区荣华中路22号亦城财富中心1号楼8层（100176）
标准书号：ISBN 978-7-5177-1278-7
经 销 者：各地新华书店
印 刷 者：北京市密东印刷有限公司
开　　本：710mm × 1000mm　1/16
印　　张：13.75
字　　数：165千字
版　　次：2021 年 12 月第 1 版
印　　次：2022 年 4 月第 2 次印刷
定　　价：58.00元

联系电话：（010）68990625 68990692
购书热线：（010）68990682 68990686
网络订购：http://zgfzcbs.tmall.com
网购电话：（010）68990639 88333349
本社网址：http://www.develpress.com
电子邮件：15210957065@163.com

DRC

2021

国务院发展研究中心研究丛书

“提升产业基础能力和产业链现代化水平研究”课题组

课题顾问：

隆国强　国务院发展研究中心党组成员、副主任、研究员

课题负责人：

赵昌文　中国国际发展知识中心主任、研究员

执行负责人：

许召元　国务院发展研究中心产业经济研究部副部长、研究员

课题协调人：

李　燕　国务院发展研究中心产业经济研究部副部长、研究员

周　毅　国务院发展研究中心产业经济研究部研究室副主任、副研究员

课题组成员：

杨建龙　国务院发展研究中心产业经济研究部一级巡视员、研究员

胡　庆　贵州产业技术发展研究院副院长

魏际刚　中国国际发展知识中心副主任、研究员

宋紫峰　国务院发展研究中心产业经济研究部研究室主任、研究员

钱平凡　国务院发展研究中心产业经济研究部一级调研员、研究员

吕　斌　国务院发展研究中心产业经济研究部四级调研员、副研究员

赵　勇　国务院发展研究中心办公厅（人事局）副研究员

刘铁志　国务院发展研究中心对外经济研究部四级调研员

张中祥　天津大学马寅初经济学院院长、卓越教授

邵珠琼　天津大学马寅初经济学院讲师

寇宗来　复旦大学经济学院副院长、教授

郭广珍　广东财经大学经济学院教授

张玉兰　南京财经大学国际贸易学院讲师

总　序

深刻把握决策咨询工作新要求
为走好新征程贡献智慧和力量

马建堂

2021年，是党和国家历史上具有里程碑意义的一年。在以习近平同志为核心的党中央坚强领导下，我们隆重庆祝中国共产党成立一百周年，实现第一个百年奋斗目标，开启向第二个百年奋斗目标进军新征程，沉着应对百年变局和世纪疫情，构建新发展格局迈出新步伐，高质量发展取得新成效，实现了“十四五”良好开局。党的十九届六中全会通过的《中共中央关于党的百年奋斗重大成就和历史经验的决议》，深刻总结了党在百年波澜壮阔、气壮山河的发展历程中所取得的惊天动地、改天换地的巨大成就和过去坚持、现在坚持、将来仍需坚持的宝贵经验，深刻阐明了党百年奋斗的历史意义和新时代党的使命担当，必将指引全党全国各族人民以史为鉴、开创未来，埋头苦干、勇毅前行，走好新征程、奋进新时代、创造新伟业。

放眼全球，百年未有之大变局加速演进，世界进入动荡变革期，机遇与挑战并存；立足国内，我国进入向第二个百年奋斗目标进军的新征程，发展具有多方面优势和条件，但也面临不平衡不充分问题，潜力和矛盾共生。新征程上的新形势新变化，对我们认真贯彻落实习近平总书记关于国家高端智库建设重要论述、高质量推进决策咨询事业、走好新的赶考之路，提出了更高更迫切的要求，需要我们在党的创新理论引领下，按照党中央战略决策部署，对党和国家事业中的重大问题深入分析研判、科学谋划对策，更好发挥建言咨政和参谋助手作用。

近年来，国务院发展研究中心坚持以习近平新时代中国特色社会主义思想为指导，深入学习贯彻党的十九大和十九届中央历次全会精神，弘扬伟大建党精神，牢记“智库姓党”，胸怀“两个大局”，聚焦主责主业，持续提高综合研判和战略谋划能力，加快体制机制创新，着力深化国际交流合作，奋力开创决策咨询工作新局面。在创新实践中，我们形成并不断深化了走好新征程对于决策咨询工作新要求的认识。

走好新征程，要求我们更加深入学习贯彻习近平总书记对中国特色新型智库建设的重要指示批示，更好把握决策咨询工作规律。中国特色新型智库是国家软实力的重要载体，是党和政府科学民主依法决策的重要支撑。建设中国特色新型智库，是以习近平同志为核心的党中央立足党和国家事业全局作出的重要决策部署。党的十八大以来，我国高端智库建设取得了长足进步，在出思想、出成果、出人才方面取得了很大成绩，为推动改革开放和社会主义现代化建设作出了重要贡献。同时，我们也清醒认识到，我国具有较大影响力和国际知名度的高端智库仍相对缺乏，智库领军人物和杰出人才仍有待涌现，研究成果与高质量发展的目标要求仍不太适配。新征程对咨询机构建设和决策咨询工作提出了新需求，主要体现在：亟须加强智库组织形式和管理方式创新，进一步优化智库资源配置；亟须加快打造高素质、专业化、复合型的忠诚干净担当的决策咨询人才队伍，尤其是具有国际影响力和战略擘画力的高层次人才；亟须对国际国内重大形势变化和深层次重大问题进行系统、科学、战略研判，进而形成高质量的决策咨询成果；亟须拓展高端智库国际视野，讲好中国故事，不断提升我国的国际影响力和话语权。在新征程上，我们必须牢牢把握决策咨询工作规律，深刻认识新征程对智库建设的新需求，深入调查研究，不断改革创新，努力提出强国兴国的新对策、利国利民的好建议。

走好新征程，要求我们更加自觉以党的创新理论为指导，加快国际一流决策咨询机构建设步伐。理论武装是走好新时代长征路的政治保证。新征程上，作为服务党和政府的决策咨询机构，我们必须始终牢记“智库姓党”，旗帜鲜明坚持党对咨询研究工作的全面领导，牢固树立和坚决贯彻决策咨询机构服务于党和人民事业的理念，坚持以人民为中心、着眼国家整体利益开展决策咨询研究。要不断增强政治意识、夯实思想根基，贯彻好党的基本理论、基本路线、基本方略，持续运用党的创新理论指导咨询研究实践、推进政治机关建设。要把更好学习贯彻党的创新理论和中央决策部署作为根本方向，善于运用马克思主义的立场、观点和方法，找准党的创新理论在咨询研究工作中的落脚点、结合点、创新点，强化问题导向、目标导向、效果导向，更好运用党的创新理论来观察时代、把握时代、引领时代。

走好新征程，要求我们更加主动聚焦“国之大者”，以广视野大担当做好决策咨询研究。“不谋万世者，不足谋一时；不谋全局者，不足谋一域。”新征程上，作为为党中央、国务院出谋划策的研究者，我们必须增强全局视野和系统观念，把咨询研究工作置于党和国家事业发展大局之中。切实把为中央决策提供高质量服务作为初心使命，高质量完成中央交办的任务，为中央提出更多科学精准、务实管用的对策建议。要胸怀“两个大局”，聚焦“国之大者”，深刻理解和把握中央在关心什么、强调什么，什么是党和国家最重要的利益、最关注的问题，做到在重大问题研判上眼睛明亮、头脑清醒，在重大建议谋划上贴合实际、直指要害。要进一步着眼重大理论和实践问题，把握经济社会发展规律，特别是紧紧围绕立足新发展阶段、贯彻新发展理念、构建新发展格局、推动高质量发展，开展深入系统的调查研究，逐步完善根植中国大地、贴近中国实际、具有中国特色的政策研究规范和理论话语体系。

走好新征程，要求我们更加努力推进能力建设，以更高质量的成果更好服务党和政府决策。“知之真切笃实处即是行，行之明觉精察处即是知。”新征程上，作为服务党和政府的决策咨询机构，我们必须坚定不移加强能力建设，培养政治家的站位、哲学家的思辨、科学家的缜密，加强研究人员的思想淬炼、政治历练、实践锻炼、专业训练，提高政治站位、增进政治智慧，不断提高政治判断力、政治领悟力、政治执行力。要进一步瞄准国家重大战略需求，紧盯重点领域和关键环节，善于用百年未有之大变局的宽广镜头来观照现实，善于从多个角度、多个维度看世界，在把握大局大势中找到坐标、找准定位，不断增强综合研判和战略谋划能力。要大力提升调查研究能力，做好做足“脚底板下的文章”，迈开步子、走出院子，扑下身子、沉到一线，捕捉新情况、新问题、新做法。要不断推进研究方式方法创新，加强对大数据等新技术的运用，为研究成果的科学性、可靠性提供坚实有力支撑。

走好新征程，要求我们更加深刻阐释党的理论和路线方针政策，以与时俱进的传播方式不断弘扬正能量、传播好声音。高端智库是思想产品的制造者，也是思想产品的传播者。新征程上，作为国家高端智库，我们要切实围绕党的创新理论和路线方针政策，更加积极主动开展政策解读，着力在视野广度、立论角度、理论深度、创新力度上下功夫。要做实传播平台，拓宽传播渠道，完善传播方式，逐步形成多层次、广覆盖的研究成果传播体系。要健全成果发布机制，打造智库传播品牌，推出更多研究咨询精品力作，形成良好社会效应。要打造和用好论坛等重要国际交流平台，持续讲好中国故事、传播好中国声音。要深化与国际组织、国外政府部门、国际知名智库、主流媒体和权威学术期刊的交流合作，积极用好国外社交媒体，持续提升对国际社会的影响力、引领力。

现在奉献给各位读者的这套“国务院发展研究中心研究丛书2021”，是过去一年多来国务院发展研究中心部分代表性成果的集中展示，也是中心自2010年以来连续第12年将研究成果集结出版。本年度丛书共包括9部著作，其中，《全面建成小康社会进展情况研究与评估》是国务院发展研究中心重大课题研究成果，《迈向2035年的中国乡村》《提升产业基础能力和产业链现代化水平研究》《黄河流域生态保护和高质量发展总体思路和战略重点》《推动共建“一带一路”高质量发展：进展、挑战与对策研究》等7部是国务院发展研究中心重点课题研究成果，还有1部是部（所）重点课题研究成果。12年来，中心出版的丛书累计160余种，受到社会各界，特别是中央和地方各级领导同志以及决策咨询研究机构工作者的高度认可与广泛好评。在此，我谨代表国务院发展研究中心和丛书编委会，向广大读者表示真诚的感谢！希望丛书继续得到领导、专家、读者们的关心、指导和帮助！

“雄关漫道真如铁，而今迈步从头越。”走上新的“赶考”之路，我们要更加紧密地团结在以习近平同志为核心的党中央周围，深刻认识“两个确立”的重大意义，持续深入学习贯彻习近平新时代中国特色社会主义思想，更好践行“为党咨政、为国建言、为民服务”职责使命，唯实求真、守正出新，为在新时代新征程上赢得更加伟大的胜利和荣光，贡献更多的智慧和力量。

2021 年 12 月

（作者为国务院发展研究中心党组书记）

目　录

总报告

专题篇

政策篇

产业篇

总报告

提升产业基础能力和产业链现代化水平

产业基础能力和产业链水平是决定国家产业竞争力的关键，更是保障国家经济安全的核心。近年来，在新一轮科技革命和产业变革、中美贸易摩擦以及新冠肺炎疫情加速全球产业链重构的背景下，我国产业基础能力弱、关键核心技术受制于人，产业链“不稳”“不强”“不安全”“不通畅”的问题日益突出，已经成为影响高质量发展和国家产业安全的主要因素。

习近平总书记指出，要充分发挥集中力量办大事的制度优势和超大规模的市场优势，打好产业基础高级化、产业链现代化的攻坚战[①]。党的十九届四中全会要求，完善科技创新体制机制，提升产业基础能力和产业链现代化水平。党的十九届五中全会再次对推进产业基础能力高级化、产业链现代化作出强调。

本文重点回答了产业基础能力和产业链现代化的基本内涵，“两个大局”下提升产业基础能力和产业链现代化水平的重大意义，我国产业基础能力和产业链发展现状与存在的问题，并借鉴国际经验和立足我国实际，研究提出了妥善应变全球产业链重构，提升我国产业基础能力和产

① 《习近平主持召开中央财经委员会第五次会议强调 推动形成优势互补高质量发展的区域经济布局 发挥优势提升产业基础能力和产业链水平》,《光明日报》2019 年 8 月 27 日第 1 版。

业链现代化水平的总体思路、重点任务与政策建议。

一、产业基础能力和产业链现代化的内涵

（一）产业基础能力是产业发展的基础性和关键性支撑能力

产业基础能力是近年来提出的一个新词，与其类似的一个概念是工业基础能力。根据工业和信息化部发布的《工业强基工程实施指南（2016–2020年）》，工业基础能力包括了核心基础零部件（元器件）、先进基础工艺、关键基础材料和产业技术基础，亦统称为“工业四基”。

关于产业基础能力的内涵，目前尚无统一的定义。一些专家学者从不同的研究视角给出了一些定义。如黄群慧（2020）认为，产业基础能力一方面包括“工业四基”能力，以及对产业发展至关重要的国家质量基础设施（标准、计量、认证和检验检测）、配套能力、制度环境和硬件基础设施等；另一方面，也包括新一轮科技革命和产业变革带来的重大机遇，如以工业软件、操作系统、数据库、物联网、人工智能、5G等为核心内容的现代信息产业的基础能力。李晓华（2019）认为产业基础能力是在价值链和产业链上游对产业发展具有决定性影响和控制力的能力。涂圣伟（2019）认为，提升产业基础能力，主要包括“三个能力”的建设，即产业技术创新能力、产业公共服务能力和基础设施支撑能力。

我们认为，产业基础能力是产业发展的基础性和关键性支撑能力，决定了一个国家和地区产业的整体素质、核心竞争力和可持续发展能力。产业基础能力既包含了产业链基础关键环节，如基础关键技术、关键基础材料、核心基础零部件（元器件）、先进基础工艺、工业基础软件等的支撑能力，也涵盖了产业技术基础支撑平台、先进产业基础设施

（如工业互联网、大数据和云服务平台）和关键共性技术创新服务体系。产业基础能力高级化是产业链现代化的基石，两者相互关联，彼此影响，并成为决定整体产业竞争力的关键。为此，本文将产业基础能力纳入产业链现代化的总体框架中进行研究。

（二）产业链、供应链与价值链是三个既相互关联又各有侧重的概念

当前政策研究中经常出现对产业链、供应链和价值链的不同理解，本报告首先对这三个核心概念进行定义。

产业链（Industry chain）是指产业内部及各个产业部门之间基于一定的技术经济逻辑，演化形成的纵向、横向链条式和网络状关联关系、时空布局和分工形态。简言之，产业链就是基于最终产品生产所形成的上中下游各环节相关产品供需关系及配套体系。

供应链（Supply chain）反映了产业链各环节之间以及围绕各环节核心企业，为满足中间产品及最终制成品生产所形成的原材料、零部件、中间产品和服务传递交换关系。供应链的连接是产业链生成的基础，产业链是多重供应链的综合体。

价值链（Value chain）反映了产业链各环节、不同主体之间基于各自生产活动及供应关系形成的价值创造及价值分配关系。价值链是产业链各环节稳固连接的“黏合剂”，产业链是价值实现和增值的载体。

由此可见，产业链、供应链和价值链各有侧重，国际上使用供应链和价值链更多一些，国内除了这两个概念之外，也经常使用产业链或者将产业链、供应链放在一起使用。产业链本质上是竞争力问题；供应链本质上是效率与安全的平衡；价值链本质上是价值创造和利益分配关系。本报告以产业链为主要分析对象，将供应链、价值链整合到一个统一的逻辑框架中，并在大体同等的意义上使用。

（三）产业链现代化是一个在产业基础能力、产业链配套水平、供应链效率和控制力、价值创造能力等综合竞争力方面不断达到世界先进水平的过程

产业链现代化的内涵，目前尚未有统一明确的定义。有专家认为，产业链现代化可以从产业链完备性、供应链完整性、产业基础高级化、价值链高端化四个方面去理解（黄汉权，2020）；也有专家认为，产业链现代化是指在一个国家内部由产品和服务生产各环节所构成的链条能够充分利用当代先进科技成果、生产组织模式和经营管理方法，整体发展水平处于世界领先行列（李晓华，2020）；产业链现代化的实质是产业链水平的现代化，包括产业基础能力提升、运行模式优化、产业链控制力增强和治理能力提升等方面的内容（盛朝迅，2019）等。

我们认为，产业链现代化是一个体现了全球产业链发展最新趋势和主要特征，在产业基础能力、产业链配套水平、供应链效率和控制力、价值创造能力等综合竞争力方面不断达到世界先进水平的过程。就我国现阶段来讲，产业链现代化至少应具备以下几方面的特征：

一是产业基础能力强。产业链的基础关键技术、核心基础零部件（元器件）、关键基础材料、先进基础工艺、工业基础软件等能够自主可控，产业技术基础支撑平台、先进产业基础设施和关键共性技术创新服务体系较为完备，产业链整体技术水平处于国际领先地位。

二是产业链上下游协同配套水平高。产业链上下游环节配套能力强、协同性高，具有较强的韧性和抗冲击能力。

三是总体处于全球价值链的中高端。具有较强的价值创造能力和较高盈利水平。

四是具有较强的控制力和影响力。表现为本国头部企业具有较强的产业链垂直整合能力，对全球产业链供应链的控制力和影响力较强，具有一批产业链关键环节的“杀手锏”产品和单项冠军企业。

五是可持续发展。体现了资源节约和环境友好等绿色发展的要求。

六是产业链布局优化。产业链国内外布局较为合理，具有较强的开放性、包容性。

七是高水平要素协同。科技创新、现代金融、人力资源等高端要素与产业链深度融合，为产业链现代化提供高水平的要素支撑保障。

二、百年大变局下提升产业基础能力和产业链现代化水平意义重大

（一）提升产业基础能力和产业链现代化水平是开启全面建设社会主义现代化国家新征程的重要战略支撑

当今世界正经历百年未有之大变局，我国发展的内部条件和外部环境正在发生深刻复杂的变化。中国既是百年大变局的因变量，也是自变量。站在“两个一百年”奋斗目标的历史交汇点上，着眼全面建设社会主义现代化国家的新发展阶段，统筹中华民族伟大复兴战略全局和世界百年未有之大变局，根本上在于做好自己的事，推动高质量发展，加快构建现代化经济体系，而产业基础高级化和产业链现代化则是基础和关键支撑。产业强，则经济强；产业稳，则经济稳；产业安全，则经济安全。反之，产业基础能力不强，现代化经济体系的安全底座就会不稳；产业链的创新能力、运行效率和附加值不高，现代化经济体系就失去了做优做强、高质量发展的重要依托；产业链供给质量不高，生产和消费、供给和需求之间不能很好地实现高水平动态适配，国民经济就会循环不畅，就会出现不健康和不可持续的发展问题。从这个意义上说，打好产业基础高级化、产业链现代化的攻坚

战，加快锻造产业链长板、补齐产业链短板，推动全产业链优化升级，有利于巩固和增强实体经济根基，将为建设现代化经济体系，全面建设社会主义现代化国家提供坚实战略支撑。

（二）提升产业基础能力和产业链现代化水平是顺应全球产业链变革与重构的必然趋势

新工业革命是世界百年未有之大变局的一个重要变量。近年来，以大数据、云计算、物联网、人工智能、生物技术、新能源技术等的创新应用为主要特征的新一轮工业革命，正在重构全球产业链的结构、形态、分工和布局，这主要体现在两个方面。

一是产业链的开放性、包容性、韧性和灵活性更强，创新、智能、绿色、协同、融合成为全球产业链发展的新特征。全球产业链传统的链式结构，正在逐步演变为众包设计、网络化协同制造、供应链协作等多主体协同的开放式分工合作网络。顺应和把握这一新趋势，加快推动我国产业链数字化转型，发展绿色供应链，推动价值链升级，有利于提高创新发展能力、发展质量和运行效率，培育和增强国际竞争新优势。

二是产业链的数字化、智能化也加速了生产制造本地化的趋势，为发达国家吸引制造业回流和发展中国家制造业高端化发展提供了机遇。疫情后，各国更加重视医疗等关键供应链的本土化和近地采购的影响，全球产业链预计将出现适度收缩的趋势，并进一步朝着区域化、分散化、多中心化方向演变发展。在这一过程中，准确识变、科学应变、主动求变，以新发展理念为引领，大力推进产业基础高级化和产业链现代化，加快构建以国内大循环为主体、国内国际双循环相互促进的新发展格局，有利于在全球产业链重构中赢得主动、赢得优势、赢得未来。

三、我国产业链发展水平稳步提升但仍存在不稳、不强、不安全和不通畅等突出问题

（一）我国产业链水平稳步提升

我国在传统工业领域多已形成完整的产业链，新能源装备等部分新兴领域竞争优势正在加速形成。在我们重点研究的12个代表性产业链中[①]，纺织服装产业具有全产业链优势。常规纤维世界领先（占全球70%）；印染优势明显；纺织服装出口约占世界1/3以上，稳居第一位；国产纺织装备国内市场占有率超过79%。以光伏和风电为代表的新能源装备在较短时间内快速达到世界领先地位。晶硅光伏产业链五大核心环节：硅料、晶硅片、晶硅电池、晶硅组件和晶硅光伏发电系统产量均居世界首位。风电产业链完整，具备全球竞争力，已具有兆瓦级风电整机自主研发能力；主要零部件及原材料国产化程度大幅提升。以稀土行业为代表的原材料工业具备国际竞争力，产业链整体优势突出。采掘和冶炼分离占据全球领先和主导地位；功能材料生产世界规模最大、在全球市场占比最高，应用链条不断延长。

中国制造在全球价值链中的位置稳步攀升。后向垂直专业化指数（VS）和前向垂直专业化指数（VS1）可用于表示一国的垂直专业化分工类型及程度高低，VS越高表示外国进口价值在一国出口总值中所占份额越大，VS1越高表示一国的出口被下游国家用于再出口的比例越高。VS与VS1比值大于1表示一国出口所用的进口中间品多于该国为其他国家出口提供的中间品，表明该国处于价值链的相对低端，比值小于1则表示该国处于相对高端。我国VS对VS1的比值一度大于1，但随着近年

---

① 国务院发展研究中心课题组，《防止我国制造业产业链成规模集中外迁研究》，2020年3月。

来 VS 的明显下降，2014 年 VS 对 VS1 的比值开始小于 1，反映出正在从长期处于全球价值链中下游位置向中上游攀升（见图 1）。与此同时，我国很多行业都出现了本地化程度不断提高的现象，这与我国加入 WTO 之后先是大量使用进口零部件用于出口生产，而后再逐步提升零部件国产化率的过程是一致的。

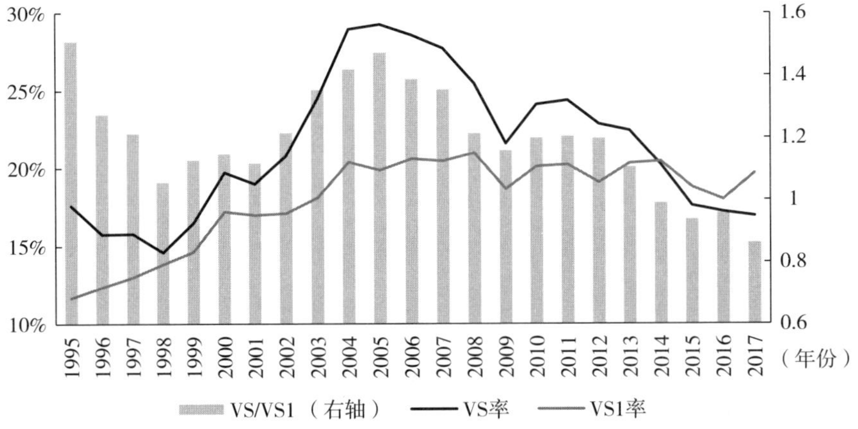

图 1　中国制造业垂直专业化率与 GVC 下游度

资料来源：国务院发展研究中心课题组，《提升我国工业主要行业产业链基础能力研究》，2019 年 7 月。

高效协同的现代供应链体系建设不断取得新的进展，在全球供应链体系中的地位有了很大提升。多年来基于强大的生产制造能力和专业化分工协作，我国已形成一批基础设施先进、配套完善、产业链较为成熟的先进制造业集群，形成了高效灵活、富有韧性的供应链体系。这一体系拥有着其他国家不可比拟的效率优势，也是吸引特斯拉、苹果等跨国公司将全球重要的生产基地配置在中国的原因之一。此次应对新冠肺炎疫情过程中，中国制造在解决口罩、防护服等物资短缺问题上所展现的强大生产效率、弹性和恢复能力也证明了这一点。与此同时，随着企业数字化转型以及云计算、大数据、物联网、人工智能、区块链等新技术得到越来越广泛的应用，推动我国企业现代供应链运营管理能力日益增强。部分领先企业能够实现供应链的全程追溯甚至可视化，并能够根据客户需求和大数据画像进行灵活响应和定制化服务。从全球来看，中国制造已经成为全球制造业供应链的重要节点，纺织服装、钢铁、石化、电子信息、汽车及零部件等外向型较高的领域已全面融入全球供应链体系。根据世界银行和联合国贸易和发展会议共同发布的“世界综合贸易解决方案”（WITS）数据库，全球近200个经济体从中国进口的商品中，中间品占比平均达到21.7%（中位数）。美国《财富》杂志评选的世界1000强企业中，938家在我国有二级供应商。

（二）产业链不稳、不强、不安全、不通畅的问题仍较为突出

一是产业链不稳，综合成本上升、中美贸易摩擦和新冠肺炎疫情加大部分领域产业链外迁压力。我国进入工业化后期以来，劳动力、土地等各类要素成本持续上升，而生产技术与前沿国家差距缩小，企业通过提高生产率对冲成本上升的难度加大。服装、鞋业、皮革、家具、五金等部分出口量大的劳动密集型企业，近年来出现较多向东南亚等地区转移的情况。纺织服装、家具等重点产业的出口交货值在行业主营业务收入中的比重从2008年以来一路下降，如图2所示。

特别是2018年以来美国对我国出口商品加征高额关税，加速了对美出口依赖型企业的外迁。目前，越南已取代我国成为第一大鞋业出口国，而我国鞋业出口连续多年出现负增长。美国在不少进口商品上已经出现了供应链“去中国化”现象。2019年，我国对美出口机电产品主要被墨西哥、日本、德国、加拿大和韩国替代；家具、玩具、杂项制品主要被越南、加拿大等替代；纺织品主要被越南、印度、孟加拉国和印度尼西亚等替代。

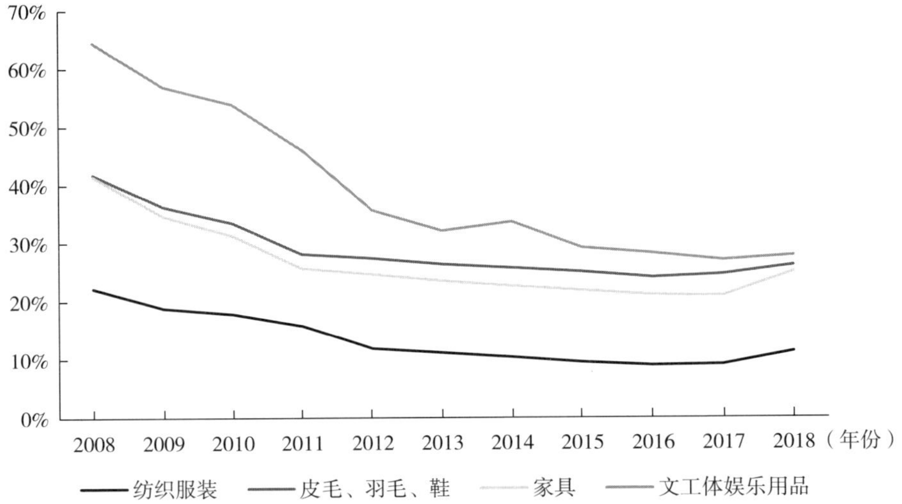

图 2　劳动密集型产品出口交货值占主营业务收入比重

资料来源：国家统计局。

新冠肺炎疫情作为叠加因素，加快了全球产业链供应链布局分散化、内敛化的趋势。由于疫情带来的供应链断供、短期停摆效应，使得各国更加注重产业链供应链安全问题，将医疗物资等关键供应链以及供应链的关键环节留在本国。美国、日本等自疫情发生后，已分别宣布了政府出资支持本国企业将关键供应链生产线回迁的计划。从长期看，全球产业链供应链布局将会进一步向若干区域中心集中，我国部分国际市场占有率较高的产业会面临外部市场需求减少的风险。

2019 年年底，我们与深圳证券交易所合作对 1248 家制造业上市公司进行了问卷调查，结果显示近年来制造业产业链对外直接投资呈现加速势头。当年进行过海外投资的公司数量从 2016 年开始增长，近年来加快的趋势十分明显，2016 ~ 2019 年分别为 32 家、34 家、37 家和 80 家。这其中，既有成本关税导致的被动外迁，也有市场拓展型的主动投资，但总体上需要密切关注，并防止“未升级先流失”的风险。

二是产业链不强，主要表现为附加值不高，创新力、控制力不强。

尽管近年来我国产业升级稳步推进，但以价值链中低端为主的格局尚未得到根本性改变。以机床行业为例，我国机床行业规模居世界第一，但高档数控机床仍主要依赖进口，关键零部件主要来自德国、日本相关企业。从 10 年间同种机床进出口单价的比率变化看，2009 年我国进口“卧式加工中心”1615 台，出口 50 台，出口价格为进口价格的一半。2019 年进口价格和 10 年前相差不多，出口价格仅为进口价格的 1/3，这说明我国数控机床仍处于全球价值链的低端环节（见图 3）。

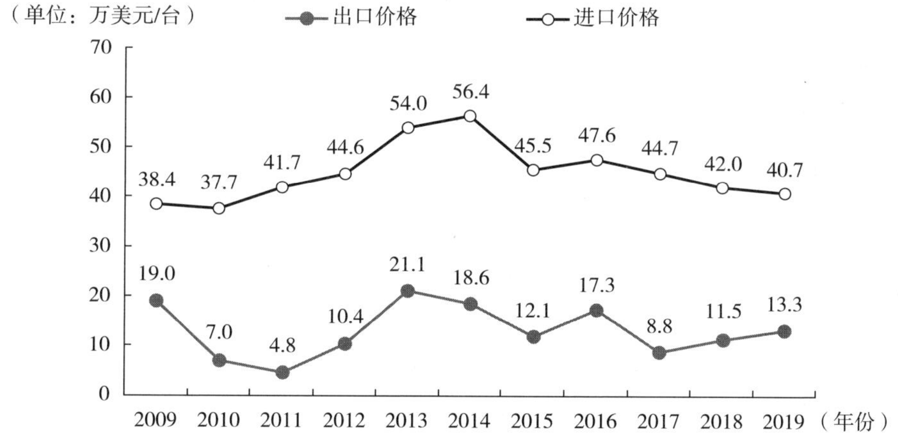

图 3　我国“卧式加工中心”的进出口单价比较

资料来源：海关统计数据在线查询平台，历年中国机床工具工业年鉴。

在不少重要的高附加值产品上，我国还没有系统性重大突破。2019 年我国出口总额占全球的 13.2%，但很多高附加值产品的全球份额远低于此。如 2019 年药品出口仅占全球份额的 2.6%；汽车整车出口仅占全球的 3.9%；集成电路进出口逆差近 2000 亿美元。

对产业链控制力有重要影响的隐形冠军数量还有较大差距。产业链控制力和竞争力的提升离不开一大批长期专注于细分领域，在关键基础材料、核心零部件、专用高端产品等环节具有较高市场占有率和话语权的隐形冠军企业。尽管近年来我国隐形冠军企业数量有了明显增加，但与美日德等制造强国相比仍有比较大的差距。根据 2019 年中德"隐形冠军"创新发展高峰论坛发布的数据，全球隐形冠军企业共有 2734 家，其中德国以 1307 家企业位居榜首，美国和日本分别以 366 家和 220 家位列第二、第三位，中国以 92 家位居第四。并且与德国有较多隐形冠军企业在海外布局国家的数量超过两位数相比，中国隐形冠军企业全球化布局程度还有待提高。

在不少面向未来的新兴领域我国尚未实现产业链的系统性创新突破，与国际领先水平有较大差距。以新能源汽车和智能网联汽车产业链为例，电动汽车的电池、电机系统核心控制件技术尚未掌握，车辆控制器、车载充电机 / 大功率充电机、传动系统及底盘控制系统等所用芯片均需进口；氢燃料电池汽车的氢循环系统、空气压缩机、催化剂等基本依靠进口；智能网联汽车车载环境感知系统（视觉系统、毫米波雷达、激光雷达）的芯片设计、核心算法、制造工艺、使用寿命、批量生产等与国外领先水平差距较大，车载计算平台核心芯片均依赖进口。

三是产业链不安全，产业基础能力弱，不少产业面临"卡脖子"风险。尽管我国已成为全球工业制成品的加工和出口大国，但由于长期的技术积累薄弱以及历史欠账等原因，产业基础能力方面还存在很多短板，有相当部分核心零部件和元器件长期依赖于进口，在产品稳定性、可靠性、精度保持性等方面与领先的制造强国还有较大差距。根据课题组对产业基础能力按照"建设、自给、竞争、领先"四个典型阶段的划分，目前我国总体尚处于迈向产业基础 2.0、努力实现供应链自给的阶段。我国一些战略性领域的产业基础处于 1.0 到 3.0 的不同阶段，但以 1.0 阶段为主（见表 1）。

表1　　我国一些战略性领域的产业基础发展阶段

行业		产业基础发展情况	
领域	分　类	水　平	阶　段
通信	无线通信及下一代网络（含卫星）	全行业来看，一些核心芯片、传感器、底层软件框架、通用应用服务自给率低	向2.0阶段发展
生产制造	智能制造（及先进制造产线、流程及供应链系统）	一些重要数控设备、底层软件和通用软件系统自给率低	1.0阶段
医药	生物医药（及基因库、生物工程）	在基础生物技术方面快速发展，但在相关支撑产业链的基础研发和制造能力尚显不足	1.0阶段
汽车	新能源自动/无人驾驶汽车	一些基础可信部件总体上可以自给，但还未达到世界领先水平	向2.0阶段发展
装备	大型运输与工程装备（含特殊工程建设系统方案）	中国多数重大装备核心部件实现了或初步实现了国产化	接近2.0阶段
生态环保	新型循环产业、低碳环保、生态环境防护修复、水资源	生态环保产业本身还处于初期发展阶段。一些核心材料设备还在研发探索中	1.0阶段
数字内容	数据资源开发与数字内容（含新媒体）	近年来数字内容快速发展，但在基础数据资源挖掘、原创性素材、模型知识储备等方面还不足	1.0阶段
能源	新能源产业	在风电、水电、太阳能等可再生能源装备（材料）领域基本自给；核能装备基本自给，核燃料难以自给	接近2.0阶段
航天	前沿航天及商业航天产业	我国关键航天技术装备、燃料已经自给；在特定基础技术方面与领先国家相比略落后	接近3.0阶段
智能	人工智能、机器人及融合应用（如智慧城市，自动化交易）	在人工智能算法、训练库、机器人核心部件等方面还依赖于国际开源社区或公共资源，或国外供应商；国内在行业集成方面形成了知识经验等基础能力	1.0阶段
芯片	集成电路制造	在设计、制造、封测等方面已有较好产业基础，但材料、设备等基础能力还较为薄弱	1.0阶段
化工	先进化工	在一些高端先进材料（如用于先进装备领域）上有所突破，但总体上受制于人较为明显	1.0阶段

部分领域基础能力存在短板甚至空白，加大了关键时刻可能被“卡脖子”“掉链子”的风险。《科技日报》整理出35项“卡脖子”技术，涉及集成电路、工业机器人、高精度机床等多个领域。课题组选取了消费品、高端装备制造、新一代信息技术、原材料工业及新能源产业等五大重点领域，对其中的纺织服装、汽车、大飞机、高档数控机床和工业机器人、高端医疗设备、关键测试仪器和仪表、集成电路、操作系统和工业软件、通信设备、新能源装备、金融设备、稀土行业等12个重点行业产业链进行了梳理。① 结果发现，我国产业链关键环节短板较多集中在新一代信息技术、高端装备制造等领域，以及涉及关键材料、核心技术、先进工艺、关键零部件（元器件）等产业基础能力方面。

四是产业链不通畅，主要体现为内循环的供需不匹配、外循环的结构性矛盾以及创新要素错配等三个方面。从国内循环看，我国在多数工业领域存在中低端产能过剩、高端供给不足的情况，难以实现供需的高水平适配，反映我国供给体系没能适应消费升级的需求及时实现从低端向高端的升级。从国际循环看，新冠肺炎疫情期间供应链短期停摆、出口订单转移也暴露出对高端零部件进口的过度依赖以及一般性出口可替代性较强等结构性问题。从要素配置看，由于我国制造业多数行业平均收益率不高，导致制造业与金融、房地产、互联网等高收入行业报酬失衡，高端人才等创新要素“脱实向虚”。

① 国务院发展研究中心课题组，《提升我国工业主要行业产业链基础能力研究》，2019年7月。

四、提升产业基础能力和产业链现代化水平的国际经验

近十年来，伴随着新一轮科技革命和产业变革，全球产业结构调整和产业链重构步伐进一步加快。各国纷纷加大了新技术、新产业领域的基础研究和创新投入力度，推动产业链供应链向着数字化、网络化、绿色化方向转型，努力提高在全球价值链中的掌控能力。尤其是全球的新冠肺炎疫情蔓延的叠加影响下，主要国家将产业链供应链安全提到前所未有的高度，纷纷采取提高供应链本地化的系列举措，提升产业链供应链安全性和竞争力。分析美欧日韩等国家和地区的做法与经验，主要有以下四个方面的启示。

（一）高度关注新兴领域基础研究投入，加强产业基础能力建设

主要国家和地区均高度重视 5G、人工智能、大数据等新兴技术领域对经济社会转型的引领和驱动作用，将其作为未来科技竞争的战略制高点，大幅增加研发投入和对产业创新的支持力度。除美国外，德国 2018 年发布了《人工智能德国制造》计划，提出到 2025 年在人工智能研究领域投入 30 亿欧元经费。同年，英国发布《产业战略：人工智能领域行动》，政府、业界从多个层面为打造以人工智能为引擎的创新经济、升级基础设施制定了具体的行动措施。日本出台了《人工智能战略》(2019)，提出建设人工智能强国。韩国 2018 年发布了《人工智能研发战略》，计划至 2030 年建设两千家“人工智能工厂”。

美国加强产业基础能力建设的重要政策

美国 2018 年《先进制造业领导战略》明确提出重点促进 5G、人工智能、量子计算、网络安全四大高技术领域发展，《量子信息科学国家战略概述》（2018）、《国家人工智能研发战略规划》（2019）、《美国 5G 国家安全战略》（2020）等均体现出对高技术领域主导权的竞争。根据 2020 年 2 月美国联邦政府预算申请，2021 年在联邦研究与开发方面的投资预计为 1422 亿美元，其中非国防 AI 研发投入在 2022 年前要增加一倍；国防 AI 方面，美国国防部高级研究计划局（DARPA）计划投资 4.95 亿美元，较 2020 财年增加 5000 万美元。美国国家科学基金会的 AI 研发和跨学科研究机构支出较 2020 年也将增加 70%。

（二）大力推动产业链数字化、智能化转型，提高供应链运行效率

美国通用电气等制造业巨头较早就有发展工业互联网的计划，政府层面也明确提出培育充满活力和弹性的数字经济。欧盟推出了工业数字化战略，加快工业互联网、人工智能在工业领域的应用。德国在 2013 年首次提出“工业 4.0”概念后，持续支持工业 4.0 的落地实施，2019 年 4 月德国联邦经济能源部发布《2019 进展报告：德国 2030 年工业 4.0 愿景》，从自主性、互通性、可持续性三个战略行动领域展现了目前工业 4.0 在未来数字生态体系的成果。英国在 2016 年推出《工业 2050 计划》，瑞典 2018 年推出《新型工业化战略》，法国、西班牙、爱尔兰也把“工业 4.0”加入国家战略制定中。

世界经济论坛对全球电子、电气设备、家电、钢铁、汽车、化工、生物制药多个行业的 1000 多家公司进行了评估，发现一批领先的“灯塔工厂”通过数字化转型，突破实体工厂的范畴，在敏捷度和产品上市速

度、生产效率、定制化程度等方面得到极大提升，已经取得丰厚回报。产业链的数字化、智能化转型促进了制造业运行效率的提升，增强了供给弹性，提升了产业链现代化水平。

（三）积极引导供应链回流本国，提高供应链安全性和促进价值链本地化

美国特别重视供应链的安全性，把全球供应链安全列为国家战略。2012 年 2 月，奥巴马政府期间签发了《全球供应链安全国家战略》，旨在通过加强全球供应链，构建具有弹性、韧性的全球供应链系统，提高全球供应链掌控力，增强安全性，为经济注入活力。欧盟国家和地区也发布战略，促进价值链本地化、增强本地区在全球制造业中的竞争力。德国 2019 年发布的"国家工业战略 2030"，强调保持一个闭环的工业增值链，以实现或扩大竞争优势的重要性。

新冠肺炎疫情在全球多点暴发后，各国将关键供应链安全性提到前所未有的重视程度。一些国家提出鼓励和支持本国企业将关键供应链迁回本国，其中美国、日本等提出减少对中国过度依赖，推动供应链"去中国化"。日本经济产业省推出 2435 亿日元（约 156 亿元人民币）的补助资金用于日本企业将海外生产据点转回日本国内或东南亚国家。美国也有议员建议，为摆脱对中国的依赖，应为从中国返美公司支付 100% 的生产线搬迁费用。

（四）重点打造绿色供应链，提高可持续发展能力

为应对气候环境变化，同时也为了抓住新能源、绿色经济发展机遇，主要国家将产业链可持续发展和绿色化转型作为重要任务。欧洲启动了绿色和数字化转型的顶层设计，发布了《欧洲委员会 2020 年工作计划》

《欧洲新工业战略》，提倡“欧洲绿色新政”。目前，全球已有 110 多个国家和地区相继提出了 21 世纪的“碳中和”目标承诺，也出台了一些大力发展新能源和促进产业链节能减排、绿色低碳的政策。一些全球有影响力的科技公司积极行动起来，如苹果承诺到 2030 年实现供应链和产品 100% 碳中和，并提出任何希望成为供应商的公司都必须承诺在 10 年内“使其苹果产品 100% 可再生”，100% 使用可再生能源与材料。绿色供应链为产业链现代化和全球气候治理提供了重要途径。

五、新发展格局下提升我国产业基础能力和产业链现代化水平的总体思路与重点任务

总体思路是，顺应新一轮科技革命和产业变革以及后疫情时代全球产业链重构的趋势，以新发展理念为引领，以提升产业链现代化水平为主线，统筹考虑产业链关键环节基础能力建设、价值链升级、供应链安全与合作，产业链国内外布局优化，加快推进产业链补短板和锻长板，促进产业链数字化转型、绿色化发展和全产业链升级，发挥国内大循环的主体作用、国内国际双循环的相互促进作用，构建基础能力强、附加值高、开放包容、安全高效、布局优化的产业链生态，为“十四五”建设现代化经济体系，构筑我国经济发展和国际竞争新优势奠定坚实基础。

（一）加快补短板和锻长板，提高产业链核心能力

锻长板就是聚焦我国已形成的重点优势产业链和产业链关键环节，加快形成一批不容易被替代的“杀手锏”产品和独门绝技，进而形成产业链独有优势和核心竞争力。补短板的重点则是针对当前我国重点产业

链和产业链关键环节基础能力的短板，加快实施产业基础再造，推动产业基础高级化。

加快推动产业基础再造，要充分发挥集中力量办大事的制度优势和超大规模市场优势，通过打通科技研发—工程化—产业化链条，加快攻克一批“卡脖子”基础关键技术，提升关键基础材料、核心基础零部件（元器件）、先进基础工艺、工业基础软件等的支撑能力和质量稳定性、可靠性水平。要做好顶层设计，坚持问题导向和应用牵引，聚焦关系国家安全和国计民生的重要产品和关键核心技术形成重点目录清单和分步实施计划。要加强有利于产业基础能力稳步提升的各类长效机制建设。建立健全以骨干企业、科研院所、社会力量共同参与的“揭榜挂帅”、协同创新机制，最大限度整合利用国内外创新资源；健全和完善从科技研发到成果转化、试验验证、认证认可、示范推广全链条的服务机制，围绕产业基础能力高级化开展全生命周期管理，确保科技研发、应用迭代和产品升级良性互动。要加强政策扶持，研究制定统筹利用现有各类专项资金，加大基础研究投入，加强税收、金融扶持的政策。

（二）培育更多具有国际竞争力的龙头企业和单项冠军企业，增强产业链控制力

龙头企业是对产业链具有重要引领和带动作用的企业，这类企业自身实力和资源整合能力较强，处于产业价值链的中高端，对产业链具有较强的影响力和控制力，是产业链的“链主”。单项冠军企业是指长期专注于产业链某些特定细分产品领域，生产技术或工艺国际领先，在单项产品上具有较高全球市场占有率的企业，是产业链供应链不可或缺的重要节点。

龙头企业和单项冠军决定了产业链的发展水平，促进产业基础能力

和产业链现代化要从培育壮大龙头企业和单项冠军入手。首先，营造产业链公平竞争的市场环境，促进大中小企业协调发展，优化产业链生态。进一步放宽市场准入和深化垄断性行业改革，增强产业链的竞争性和促进市场主体的纵向流动。优化企业兼并重组的政策环境，鼓励有实力的企业以市场拓展、整合资源、提升竞争实力为目的进行产业链横向并购和纵向垂直整合。其次，重点培育具有国际竞争力的产业链龙头企业。加强对主业突出、机制良好、具有竞争优势和发展潜力企业的支持。支持优势企业在全球范围内整合原材料和创新资源、布局生产制造产能、开展终端零售等融入全球供应链的行动，增强在全球产业链、供应链的竞争力。最后，鼓励中小企业朝着“专精特新”方向发展，以“专精特新”型企业和制造业产业链关键节点企业为基础，重点培育壮大单项冠军企业，形成完善的企业培育体系。

（三）以制造业与服务业深度融合为主线，促进产业链价值链升级

现代生产性服务要素与制造业的深度融合对产业价值链升级具有重要支撑带动作用。要加大力度促进生产性服务要素与制造业的资源整合、政策融通与空间上集聚发展，支持和引导制造企业有效运用研发、设计、品牌运营、信息服务、知识服务等专业服务资源实现产业链升级和创新发展。

首先，提高科技研发、工业设计、电子商务、现代物流等现代生产性服务业对制造业产业链的支撑带动作用。整合对接科技研发、原型设计、工艺创新等的最新成果，推动更多加工制造企业向创建自主设计、自主品牌的中国创造转型。发挥现代物流对优化制造业供应链、降低成本提高运行效率的重要作用。鼓励消费领域和工业领域电子商务发展，挖掘国内外市场消费潜力。

其次，促进生产型制造向服务型制造转型。支持制造企业依托工业互联网、物联网平台，创新发展远程运维、全生命周期管理等智能服务，鼓励制造企业基于核心技术优势拓展专业化社会化服务，发展基于客户深度参与的产品个性化定制服务，构建制造与服务融合的产业价值链。

最后，破除制约制造与服务融合的制度壁垒。促进制造业与服务业政策融通、资源双向流动，空间上集聚发展。加强跨领域、复合型、创新型人才培养，为促进两业融合创造良好的政策环境。

（四）推进产业链数字化转型，提高产业链供应链运行效率和竞争力

以智能制造和工业互联网为代表的数字化生产模式创新改变了产业链供应链运行的形态，大大提高了相关主体的连接性，在更大范围形成多主体协同的供应链合作网络，大大提高了资源配置效率。抓住制造业产业链数字化、网络化、智能化的机遇，有望在规模优势、市场优势、配套优势的基础上，进一步增添新的质量优势、效率优势。要进一步扩大智能制造技术推广应用。优先针对成本敏感型和产业链外迁风险大的行业，由国家和地方财政合力支持，推动一批有意愿的中小企业完成数字化、智能化改造。依托工业互联网平台发展现代供应链。支持多层次的工业互联网平台发展，总结推广一批设备共享、业务互联、资源互通、要素协同的行业创新应用案例，帮助企业提高运行效率和创新发展能力。支持人工智能服务制造业升级。加大制造业场景中的人工智能应用，为产业链全流程提供优化的解决方案。

（五）打造绿色供应链，提升产业链可持续发展能力

绿色供应链是通过从产品设计、原料采购、生产、包装、运输、消费，直到废物回收再利用的全流程提出绿色发展的要求，推动供应链相关企业资源节约集约利用和减少环境污染。在全球共同应对气候变化和推动可持续发展背景下，绿色供应链不仅是全球供应链发展的重要趋势，也是我国推动实现碳中和目标，提升产业链现代化水平的重要途径。要发挥龙头企业的示范引领作用，加快实施绿色供应链行动计划。研究制定绿色供应商认定标准，完善相关认证和激励机制。选取一批重点代表性行业开展绿色供应链的示范推广。要加强绿色供应链的技术和产业支撑，加大对新能源、新材料、节能环保技术和产品研发支持力度，健全和完善扩大节能环保技术和产品推广应用的消费政策，在现有技术改造政策基础上，加大对企业绿色环保技术装备的改造支持。

（六）优化产业链国内外布局，构建开放多元灵活弹性的供应链

构建开放多元、灵活弹性的产业链供应链，是增强产业链供应链安全性、稳定性的重要途径。要进一步突出国内大循环的主体作用，统筹产业链供应链区域布局，完善激励产业链向中西部转移，促进区域产业链协调发展的政策和制度环境。要以更高水平的开放型经济新体制为依托，加强高水平开放的政策和制度协调，积极参与后疫情时代全球产业链重构，加快构建国内国际双循环相互促进的新发展格局。一方面，进一步吸引产业链供应链高端环节向我国转移，促进延链、补链、强链；另一方面，鼓励龙头企业积极“走出去”，实施产业链供应链全球化布局，打造多元平衡、灵活高效、有弹性的供应链。要更加注重区域产业链的重塑，优化与东南亚、南亚及“一带一路”沿线国家和地区优势互补的产业链合作，争取产业链分工和价值链分配的有利地位。

六、体制机制改革和政策创新的方向

（一）深化产业链创新关键环节的改革

提升产业基础能力和产业链现代化水平，涉及一系列体制机制层面的改革和制度建设。要继续用足用好改革这个关键一招，善于运用改革思维和改革办法，发挥制度优势，构筑产业链创新的长效机制。深化科技管理体制改革，解决创新资源分布不平衡、过于分散、利用效率不高等问题，加强资源整合与统筹协调，强化国家战略科技力量支撑，在各类科技重大专项组织实施过程中，注重形成产学研协作、产业链上下游协同的创新利益共同体。完善创新成果转化机制，研究制定鼓励和促进技术成果转移转化服务机构发展的政策。完善企业研发投入的稳定、长效激励机制，进一步扩大企业研发费用加计扣除的范围和比例，加大对基础研究投入的政策支持。完善高新技术企业认定相关政策，将一般制造业领域的创新型企业纳入政策优惠的范围。健全和完善信息、数据等新要素市场，强化生产性服务要素对产业链创新升级的带动作用。持续深化金融体制改革，加强中长期资本对产业链创新的支持。建立人才培养、培训与产业链协同联动的机制，加强有国际竞争力的STEAM[①]教育创新人才培养，有效支撑产业链创新和升级。促进房地产市场平稳健康发展，平抑和稳定制造业成本，防止资本“脱实向虚”。

（二）加强产业政策的引导、改革与创新

产业链的现代化需要治理能力的现代化为支撑，产业政策的改革与创新尤为关键。按照既符合我国实际又适应国际规则的要求，今后要发

① STEAM代表科学（Science），技术（Technology），工程（Engineering），艺术（Arts），数学（Mathematics）。

挥好各类产业投资基金的战略性引领作用，加大其对补短板、锻长板关键环节的支持力度。改革完善技术改造政策，促使其在提升产业链技术、装备、工艺和软件水平，推进供应链数字化改造等方面持续发挥重要作用。改革完善新技术新产品推广应用政策，着力完善创新产品的质量信任机制、推广应用机制、市场竞争机制、升级迭代机制。健全绿色供应链相关政策，通过进一步明确法律依据，出台绿色采购标准，开展绿色低碳供应商认证，完善产品碳足迹标识、碳中和核算方法，探索碳交易创新，实施低碳消费行动等多个方面引导供应链向绿色低碳转型。

（三）完善产业基础高级化和产业链现代化的基础设施和公共服务体系

为产业链数字化转型提供低成本、高效、便捷的基础支撑。统筹推进移动通信、卫星导航、互联网、工业互联网、大数据中心等新一代基础设施建设，健全和完善中小企业供应链数字化云服务平台。支持有条件的地区探索以工业互联网和大数据为支撑的产业链大脑建设，完善产业链、供应链、创新链大数据基础体系，促进产业链相关主体数据、知识、信息、技术、人才、服务共享，上下游精准对接，产供销协同联动。强化质量基础设施建设，健全面向行业的基础材料、零部件和设备中试、试验验证、检测检验等工程化公共服务平台，完善质量管理、标准、认证认可等服务体系，通过探索质量管理的分级分类以及行业红名单制度，引导和促进产业基础高级化。

（四）创造有利于产业链优化升级的高质量营商环境

产业基础高级化和产业链现代化的过程也是产业链全面优化升级的过程，高质量的营商环境至关重要。要完善产业链公平市场准入政策，全面消除产业链进入壁垒，促进相关主体公平竞争。高标准建设现代市场体系，完善公开透明、统一规范的市场监管机制，强化质量、环保、安全等法律法规和技术标准对产业链升级的倒逼机制。完善新兴产业链审慎包容的监管措施，加强反垄断执法、知识产权执法、反不正当竞争执法，最大限度保障相关主体权益，强化正向激励。

（五）完善产业链高水平开放发展的政策机制

现代化的产业链必然是开放包容的产业链，发挥好国内大循环的主体作用、国内国际双循环的相互促进作用，需要进一步完善产业链高水平开放的体制机制。目前我国绝大多数一般制造业领域均已放开，今后要进一步落实准入即准营的相关措施，通过国外先进制造和现代服务企业高水平地引进来，促进国内产业链更好地补链、延链、强链、升链。努力促进高水平双向互动，利用好区域全面经济伙伴关系协定、“一带一路”沿线国家和地区投资协定等制度性开放，促进高质量“走出去”，积极构建产业链创新协作网络，促进产业链供应链深度合作发展。

执笔人：赵昌文　李　燕　许召元

参考文献

[1] World bank group. World Development Report 2020: Trading for Development in the Age of Global Value Chains

[2] Carlo Pietrobelli, Roberta Rabellotti. Global value chains meet innovation systems: are there learning opportunities for developing countries?[J]. World development, 2011, 39(7):1261-1269

[3] Gereffi G. What does the COVID-19 pandemic teach us about global value chains? The case of medical supplies[J]. Journal of International Business Policy, 2020, 3(3): 287-301

[4] Fatorachian H, Kazemi H. Impact of Industry 4.0 on supply chain performance[J]. Production Planning & Control, 2021, 32(1):63-81

[5] 国务院发展研究中心课题组 .《提升我国主要工业行业产业链基础能力研究》，2019.7

[6] 国务院发展研究中心课题组 .《防止制造业产业链成规模集中外迁研究》，2020.3
[7] 国务院发展研究中心课题组 .《我国重点产业链、关键产业链和战略性产业链“强、补、畅、护”研究》，2020.7
[8] 国务院发展研究中心课题组 .《“十四五”时期全球产业链重构及提升我国产业链水平研究》，2020
[9] 工业和信息化部 .《关于加快推进工业强基的指导意见》，2014
[10] 工业和信息化部 .《工业强基工程实施指南（2016–2020 年）》，2016
[11] 工业和信息化部 .《国家工业基础标准体系建设指南》，2017
[12] 国家制造强国建设战略咨询委员会 .《工业“四基”发展目录（2016 年版）》，2016
[13] 苗圩 . 提升产业链供应链现代化水平 [N]. 经济日报，2020.12.9
[14] 赵昌文等 . 迈向制造业高质量发展之路 [M]. 北京：中国发展出版社，2020.12
[15] 黄群慧 . 实施产业基础再造工程 打造一批先进制造业集群 [N]. 经济日报，2020.1.21（011）
[16] 吕薇 .《我国制造业创新的阶段特征与影响因素》，国务院发展研究中心调查研究报告，2018 年第 31 期
[17] 李善同、吴三忙 .《我国制造业参与全球价值链分工获取增加值能力分析与相关政策建议》，国务院发展研究中心调查研究报告，2015 年第 107 期
[18] 刘志彪、姚志勇、吴乐珍 . 巩固中国在全球产业链重组过程中的分工地位研究 [J]. 经济学家，2020，No.263（11）：53–59
[19] 于明远、范受军 . 生产性服务嵌入与中国制造业国际竞争力提升 [J]. 当代经济科学，2019 年第 3 期
[20] 祝坤福、高翔、杨翠红、汪寿阳 . 新冠肺炎疫情对全球生产体系的冲击和我国产业链加速外移的风险分析 [J]. 中国科学院院刊，2020.3
[21] 何宇、张建华、陈珍珍 . 贸易冲突与合作：基于全球价值链的解释 [J]. 中国工业经济，2020.3
[22] 黄汉权 . 聚焦四大发力点 打好产业链现代化攻坚战 [J]. 智慧中国，2020.3.25
[23] 许召元 . 加快提升产业基础能力 [N]. 经济日报，2019.11.13（12）
[24] 李晓华 . 推进产业链现代化要坚持独立自主和开放合作相促进 [N]. 经济日报，2020.4.10（11）
[25] 李燕 . 夯实产业基础能力 打好产业链现代化攻坚战 [J]. 中国工业报，2019.9.12（002）
[26] 盛朝迅 . 打好产业链现代化攻坚战 [N]. 经济日报，2019.9.10
[27] 涂圣伟 . 产业基础能力和产业链水平如何提升 [N]. 经济日报，2019.9.3
[28] 石萍 . 建设制造业的“强基”的核心是产业机制 [J]. 中国中小企业，2018.7
[29] 綦鲁明、谈俊、胡敏一 . 补产业“短板”[J]. 经济研究参考，2017 年第 26 期

专题篇

专题一

系统推进产业基础高级化
提升产业链现代化水平

2021年3月，十三届全国人大四次会议通过的《纲要》[①]将“产业基础高级化、产业链现代化水平明显提高”作为“十四五”时期经济社会发展目标的一部分。产业基础高级化可看作是与“提升产业基础能力”一脉相承的表述，含义更略具综合性。在新形势下，产业基础高级化已成为保障国家供应链安全的前提，建设现代产业体系和社会主义现代化国家的关键组成部分。我们必须高度重视，深刻理解其准确内涵，做到战略谋划、前瞻布局、全面部署。

一、产业基础高级化是经济高质量发展的关键要义

从发展路径上看，国家强必先经济强，经济强必先产业强，而产业强的核心是基础强。基础强即“产业基础高级化”或“提升产业基础能力”。换句话说，只有产业基础强了，才能确保我国的产业链供应链安全，才能使我国产业具备核心竞争力，才能保障社会公平与效率，才能在风云变幻的未来全球竞争中掌握主动权。

---

① 《中华人民共和国国民经济和社会发展第十四个五年规划和2035年远景目标纲要》。

（一）夯实产业基础是保障产业链供应链安全的先决条件

在纷繁复杂的国际形势下，我国产业链供应链安全面临的核心问题是自身产业基础薄弱。从体系化角度看，部分重点产业关键环节断链现象严重，高度依赖某些国家供应链，已被“制裁”“管制”或随时断供，严重影响产业安全。从全球化角度看，特定战略性产业中我国具有良好产业基础，相关国家与我“合作”才更加稳固，我国产业自身也才能形成自主权和国际话语权。从持续性角度看，受多方因素影响，原本安全的国际供应链可能受到威胁，只有建好自身的产业基础能力，以内循环支撑大循环，才能应对国际风云变幻，以不变应万变。

（二）提升产业基础竞争力是保证我国产业竞争力的核心要素

“十四五”规划建议在“加快发展现代产业体系，巩固壮大实体经济根基”重点任务中提出，要推进产业基础高级化、产业链现代化，提高经济质量效益和核心竞争力。从增值能力看，产业基础环节是工业价值链上最关键的增值环节之一。如在我国一些整机生产制造领域，曾一度存在终端代工或整机市场占有率高，但所获利润占比极低的情况。从创新能力看，产业基础环节是商业创新链的核心基础，有先进的产业基础才能孕育划时代的革新产品。苹果公司 iPhone 手机的颠覆性创新与其自身及美国工业在芯片设计制造、基础软件、工业设计、玻璃加工、互联网服务等基础产品服务领域的强大优势是密不可分的。从生态竞争看，良好的产业基础是形成产业竞争协同优势、真正实现我国工业全体系竞争力的最重要一环。尽管我国建立了较为健全的工业门类，但在一些关键产品的核心上游环节无法实现自给或无法在当前全球技术水平下进入供应链，这实际上还未形成高质量的健全的工业体系，我们必须在动态竞争中补齐短板。

（三）产业基础良性发展是凸显工业对社会发展带动力的关键路径

工业是国民经济中的支柱产业，工业发展具有广泛而深刻的社会意义。美国“铁锈工业带”的没落带来了就业等一系列严重的社会问题，其中汽车等上游基础产业的衰落是其一大关键因素。从就业及区域发展角度看，工业基础领域由于涉及产品种类多样性及一定程度的定制化，是大量创新型中小企业分布的领域，是解决大量研发、管理人员和高级技术工人就业的重要环节，且往往能保证一定程度的商业回报率，对区域经济社会发展产生重要影响。从福利角度看，一般性终端产品领域由于门槛相对不高，竞争重复度高、创新空间有限，而深耕产业基础领域是取得差异化竞争优势、降低社会资源浪费度的重要途径。美国、德国、日本等国，都存在各基础领域的“小巨人”企业、冠军企业，成为创新的沃土、社会发展的稳定器。

（四）布局未来产业基础是决胜未来产业全球竞争的基本前提

当下的特定竞争优势产业，可能由于基础的颠覆、赛道的更换成为未来的劣势产业、过时产能。面向未来产业竞争，如量子信息、空间产业、下一代通信、无人驾驶等领域，国家的产业基础决定着产业的创新空间。如基础物理理论、基础化工材料、基础软件、关键元器件和设备等，决定着这些新赛道的产业化能否实现，能否保证新产业领域的供应链安全。面向未来全球贸易话语权，产业基础领域的企业竞争力和市场地位决定着国家在贸易投资领域的话语权和自主权。由于规模效应，未来在一些关键基础领域，可能仅存一两家供货商，如果缺少提前布局，将会在贸易规则等领域处于不利的地位，只能任人管制和限制。

二、产业基础高级化及提升产业基础能力的内涵

（一）产业基础具有高度的体系化特征

产业基础高级化主要指提升产业基础能力，实现产业结构或发展质量的优化。产业基础能力是指为满足战略经济目的，一个国家或地区的特定产业发展所需具备的涵盖各要素的，基础性、通用性、长期性的，有一定公共性的资源、能力或话语权的总和。其中，产业指以工业为主体的实体产业，基础指源头性、要素性、通用性的生产资源、成果或载体。基础或能力具有高度体系化的特征，涵盖众多领域和要素，而个别环节的提升难以形成支撑产业竞争的基础或能力。

笔者认为，产业基础主要包括核心基础、扩展基础两类10个方面。结合“工业四基”[①]，笔者略扩展了分析框架，认为产业基础能力涉及硬性基础、软性基础两大方面。其中核心基础包括基础技术、基础部件、基础材料、基础装备、基础软件、基础资源等六方面，其中前三个在“工业四基”中已涉及，后三个为新增；扩展基础包括基础设施、基础服务、基础载体、基础规则等四方面，其中基础服务已涉及，其他三个在新增。由此，“工业四基”上升为“十大工业基础”，即“工业十基”体系，如表1所示。

表1　产业基础的一个扩大框架：“工业十基”体系

分类	基础能力	含义
核心基础	基础技术	前沿科学理论的探索、积累和拓展成果；关键技术、生产工艺及知识产权
	基础部件	基础零部件
	基础材料	关键中间品，如高纯、特殊材料

① “工业四基”：核心基础零部件（元器件）、先进基础工艺、关键基础材料和产业技术基础。

续表

分类	基础能力	含义
核心基础	基础装备	基础高端生产装备、仪器仪表
	基础软件	基础开发工具、平台、环境，如 EDA、集成开发环境、高端实验平台等
	基础资源	国际虚拟资源；数据；原料、能源的储备和供应链
扩展基础	基础设施	基础网络设施、数据库、平台、站址等；相关配套商业基础网络体系
	基础服务	公益性的联盟、信息服务、交流平台、标准化、检验认证等基础共性服务
	基础载体	关键环节可持续运营的企业、实验室、人才团队
	基础规则	关键的国际组织角色、国际标准；双多边协定、跨国协会规则标准；法律规则

（二）产业基础高级化的阶段性特征

产业基础发展水平可分为建设、自给、竞争、领先四个初高级典型阶段。各国产业基础能力体系的不同发展水平直接决定了各国工业或产业最终竞争力的强弱。我们认为，产业基础能力发展水平、高级化的不同程度可简要划分为四个阶段：产业基础 1.0 即建设阶段，在部分领域具有一定的落后技术供应能力，同时主要进行产业链的布局和能力的追赶；产业基础 2.0 即自给阶段，是高级化的基本要求，关键环节和要素在非常情况下基本自给自足，不受供应链限制和价格控制；产业基础 3.0 即竞争阶段，具有参与国际综合竞争的能力，对上下游有影响、话语权甚至一定的掌控力；产业基础 4.0 即领先阶段，拥有长期领先的关键要素、供应链条和组织环境，具有国际话语权。其中前两个阶段被视为初级阶段，后两个阶段被视为高级阶段（见表 2）。

表 2　　产业基础能力提升 / 高级化的四个典型发展阶段

阶段分类	阶段划分	水平	关键特征
初级阶段	产业基础 1.0	建设期	工业基础进行布局建设，主要中间品、原料可进行非先进技术生产供给
	产业基础 2.0	自给期	可在当前全球技术和需求水平下，实现关键投入要素和中间品的自给，在特定水平上形成产业链关键环节的自给自足
高级阶段	产业基础 3.0	竞争期	部分环节具有国际竞争力和话语权
	产业基础 4.0	领先期	在主要环节实现话语权或领先水平，具有长期可持续的领先的竞争力

我国总体处于迈向产业基础 2.0、努力实现供应链自给的阶段。中华人民共和国成立后特别是改革开放以来，我国的制造业发展水平快速提高，产业基础能力不断提升，但与先进国家相比还有很大距离，依然存在很多短板。不同细分行业的产业基础大多处于 1.0、2.0、3.0 的不同阶段。尽管在一些最终产品的市场占有率上，我们具有一定国际影响力，但在一些重点产业领域，我国还处于 1.0 阶段，即还未能达到关键产业环节的自给。

三、我国产业基础能力现状及国际对比

（一）我国产业基础能力不断提升

近年来我国产业基础能力获得了较快进步。一是核心零部件供应能力有所增强。如在晶圆制造、芯片设计与生产方面，中国有初步国产化的供应链；航空发动机、燃气轮机等方面，初步解决了有无的问题。二是原材料保障能力有所提升。硅片方面，中国有多家企业已有布局，但工艺水平和生产线规模还需提升。传统化工和金属材料方面，中国企业基本实现自主供给，稀土材料方面具有优势。新材料方面，中国近

年来快速发展，特别是在半导体材料、碳纤维材料等方面。原料药方面，中国形成相对较好的产业基础。三是重点装备形成一定的国内供应链能力。如集成电路装备方面，上海微电子在封装光刻机；核能装备方面，已拥有自主生产的华龙一号；工程装备方面，徐工集团、三一重工已是全球前十大工程机械制造商；电梯方面，已有自主电梯制造商，如康力，但尚缺少国际影响力，也有个别品牌如江森在拓展发展中国家市场方面取得一定成绩。四是基础软件能力有所上升。中国在开源基础软件、办公软件、通信设备软件、一些行业软件或应用系统等方面有一定基础，但在主流产品市场份额方面影响力较小。

（二）我国产业基础能力总体存在短板

我国在多个关键核心基础领域存在显著薄弱环节，依赖上游国际供应链，对我国经济和国家安全造成直接影响。一是基础环节存在一些关键短板。如集成电路制造领域的高端光刻机，高端装备领域的发动机等。二是基础要素供给不强。如在人工智能等前沿领域的高端科研人才，在网络安全领域的高端人才，一些领域的高技能技术工人。三是基础环境仍不完善。如在生物医药研发及应用领域的政策环境仍需完善；数据和人工智能治理体系还有待加快健全。反观之，美国、德国、日本在各类产业基础关键能力方面具有较强优势，也有着较高的产业链供应链安全保障能力。

我国一些战略性产业的产业基础处于1.0到3.0的不同阶段，但以1.0阶段为主。集成电路制造、先进化工、生物医药、智能制造领域近年来快速发展，但多数领域依然处于1.0阶段。在无线通信、新能源自动驾驶、大型装备、新能源和核能领域，总体处于接近2.0阶段，能在部分核心基础环节实现自给自足，且在特定情况下有一定竞争力。在前沿航天领域，由于我国长期独立自主发展，取得了国际竞争力，大体处于3.0

阶段。总体来说，我国各行业的产业基础竞争力要弱于在国际上的最终产品或装备的竞争力。

（三）各国产业基础发展水平对比

不同国家的制造业产业基础发展水平有很大差异。总体上可分为四类：第一梯队是美、德、日三国，在诸多领域的产业基础具有全球领先能力或国际先进水平；第二梯队是法、英、意、瑞等欧洲老牌工业化国家，在机械、化工、仪表等一些优势领域的产业基础具有全球竞争力，处于3.0阶段；第三梯队是中、俄等国的特定产业，具有自给能力和一定竞争力，处于2.0阶段；第四梯队是中国的多数制造业、印度等的绝大部分制造业，严重依赖全球供应商，处于1.0阶段（见表3）。

表3　产业基础能力提升/高级化的四个典型发展阶段

国家	发展水平	发展阶段
美国	工业基础雄厚，大部分核心技术和设备可自产	产业基础4.0
德国	智能制造工业基础完备，支撑完整生态系统发展	产业基础4.0
日本	大部分高端材料和设备可自产，支撑最终工业品体系	产业基础4.0
法国	拥有一些全球知名的研究机构和企业，在冶金化工、基础装备等方面具有较强实力	产业基础3.0
英国	尽管比早期工业化阶段的领导地位有明显下降，但英国在芯片设计、发动机、化工、制药、航空等特定领域依然具有全球竞争力的产业基础	产业基础3.0（特定领域）
韩国	在芯片制造、化工、钢铁、汽车、造船、通信设备等材料和装备方面的基础能力有全球竞争力	产业基础3.0（特定领域）
意大利	在机械装备、汽车制造等领域的基础能力具有全球竞争力	产业基础3.0（特定领域）

续表

国家	发展水平	发展阶段
瑞士	在机械自动化等特定领域的基础装备能力具有全球竞争力	产业基础 3.0（特定领域）
俄罗斯	在航天、机械装备、能源矿产等领域具备基础自给能力	产业基础 3.0（航天领域） 产业基础 2.0（特定领域）
中国	一些基础材料和设备可自产，但很多高端材料设备还不能自给	产业基础 1.0（总体）
印度	除部分化工材料外，大部分基础材料和装备不能自产	产业基础 1.0

（四）移动通信是我国最终产品竞争力与产业基础能力失衡的缩影

我国移动通信产业整体形成国际竞争力。改革开放以来，我国移动通信产业由小到大、由弱到强，实现了从 2G 时代的空白，到 5G 时代引领创新的跨越式发展。一是我国成为 5G 技术架构及国际标准的主要贡献者之一。我国率先提出了 5G 总体技术架构，在提交的 5G 国际标准化文稿数量方面贡献最多。二是 5G 产业链总体水平不断提升。我国构建了涵盖系统、终端、芯片、仪表的完整产业链，其中中频网络设备全球领先，手机终端竞争力位居前列。三是我国网络建设进度快、应用探索较为超前。目前我国已建成全球最大 5G 商用网络，用户数量居全球首位；同时，我国 5G 应用探索的广度、深度也较为领先。

我国移动通信相关产业基础能力还存在严重短板。以 5G 相关产业为例，我国在 5G 产品、网络建设和应用等方面在全球总体处于引领水平，但基础部件和软件、相关集成电路制造等方面存在严重短板，高度依赖含有美国技术的供应链，受制于人，供应链上主要环节无法实现自给（见表 4）。

表 4　我国产业基础体系现状及举例

分类	基础能力	我国现状	以移动通信领域为例
核心基础	基础技术	在全球处于第二梯队水平。在冶金化工等一些基础工业领域有自主知识产权技术和工艺，但体系性和领先性尚不足	总体处于国际先进水平。在下一代领域起步相同
	基础部件	除先进芯片、民用发动机等一些关键部件外，一般工业领域均有国内供应商	核心芯片与美、英相比依然有差距。一些核心零部件依然受国际供应链制约
	基础材料	在特殊金属材料、化工材料等领域，中国自给能力已显著增强；但在半导体材料等一些先进材料领域，中国尚显不足	在一些芯片制造所需高端化工材料方面有所进展，但仍受制于人
	基础装备	中国在工程机械等领域快速进步；但在半导体高端装备、测试仪器仪表等领域还非常薄弱	相关芯片生产装备如主流、高端光刻机受制于人
	基础软件	在操作系统、嵌入式软件、EDA、集成软硬件开发环境、工业软件、管理软件等基础及通用软件领域非常薄弱，进步多在应用和外包领域	在终端操作系统、应用服务领域还明显依赖美国厂商和国际开源框架，尽管国内厂商已有一些研发产品
	基础资源	在大宗原料和能源方面布局加强，但储备和供应链相对需求来说还较为脆弱；在卫星轨道等虚拟资源领域面临强大竞争；在数据资源的竞争中略显落后	在人工智能所需训练数据等方面显著不足
扩展基础	基础设施	在基础网络设施、云平台、卫星、数据中心、通信站址等方面快速发展；在交通、物流、能源等配套基础设施方面的供给能力也在不断增强	5G 网络基础设施建设较为领先；数据中心建设满足国内需求。云平台仅次于美国，但相关云应用相对落后；卫星互联网部署显著落后于美国企业
	基础服务	在公益性的产业联盟、信息服务、交流平台、标准化、检验认证等共性服务领域供给能力有所增强，但总体上供给、效率和激励依然不足	在联盟组织方面做了大量工作。但信息服务、交流平台等尚显不足，安全认证工作正在进一步加强

续表

分类	基础能力	我国现状	以移动通信领域为例
扩展基础	基础载体	在一些产业关键环节形成可持续运营的企业，但在创新企业及创业团队保护、联合实验室布局等方面尚显不足	我国设备企业遭到国际打压，可持续运营和维持现有国际竞争力遇到一定困难
	基础规则	在相关国际组织、双多边协定中积极参与规则磋商；但在国内规则、国际规则、行业标准引领等领域稍显不足	在双多边协议框架下做了大量工作，但在贸易、投资、数据、伦理、ICT 政策等国际规则竞争中，仍稍显被动

四、关于产业基础的各国战略与政策竞争

（一）各经济体高度重视产业基础领域的国际竞争

近年来各国频频出台战略文件，强化基础产业竞争。战略层面，各国高度重视工业战略及相关产业基础自主能力的建设。各经济体较少明确针对产业基础能力提出发展战略或政策组合，但在产业战略或制造业发展战略中均是将打造制造业等关键领域发展的基础能力作为重点目标和任务。如美国多次发布先进制造业国家战略，对先进材料、平台、工艺流程、设施等进行一系列的支持。欧盟 2020 年发布的“新产业战略”明确将加强欧盟的“工业和战略自主权”作为其最重要目标之一，包括关键材料和技术、食品、基础设施、安全等领域。手段方面，发达国家不断以国家力量介入产业竞争。美国以国家安全为由，致力于将工业基础领域的关键环节带回美国。德国 2019 年发布的“国家产业战略 2030”建议，德国政府将考虑建立一个基金，必要时在具有战略重要性的企业中持股，以防这些企业被外资收购。

（二）各经济体在强化产业基础竞争中体现出一定程度的“举国体制”

各国在资金、组织、服务、外交等方面对产业基础能力提升给予全方位的大力支持。资金支持方面，欧盟在“新产业战略”中明确通过长期预算迅速达成对工业投资的支持，并通过欧洲投资银行、欧洲共同利益重要项目（IPCEI）、投资欧洲（Invest EU）计划等一系列途径加强价值链投资。组织支持方面，美国通过国防相关采购和资本市场审查，支持本国供应链和企业，排斥国外产品和投资者。2020 年 5 月，加拿大成立工业战略委员会，加强加拿大工业在新冠肺炎疫情等新全球形势下的应对。公共服务方面，如日本政府每年发布制造业白皮书，美国交通部每年发布自动驾驶权威报告，加大支持和引导本国特定战略性产业的发展。外交方面，近年来，美国政府通过外交影响等一系列动作，将中国通信设备企业排除在全球供应链和科技合作之外，并试图阻止其进入相关国家市场。美国还通过一系列出口管制、制裁等限制中国企业获得基础技术合作、零部件和软件供应。

五、高度重视推动产业基础高级化

在中美贸易摩擦和新冠肺炎疫情全球化的背景下，产业链供应链安全已成为主要国家战略考虑，提升产业基础能力已成为必由之路。

（一）产业基础高级化纳入国家战略目标

面向未来（如 2035 年）制定产业基础高级化、产业链现代化的发展目标，优化实施体系。要在战略性产业基础领域，努力培育全球冠军企业，建立产业生态及集群，培养持久竞争力的企业及科研创新、孵化系统及公共服务体系。建立评估机制，对各国和各省产业基础能力、我国供应链安全保障水平进行定期评估。

（二）创新探索市场经济条件下的新型举国体制

要创新性地完善新型举国体制及应用，推动基础领域发展和产业协调进步。优化攻关机制，针对西方国家管制的基础产品进行跟踪分类，对长期重大投资项目进行重点支持，继续加快相关项目实施，对非重大投资但技术及应用门槛较高的项目予以揭榜和应用场景支持。引导资源进入实体经济，激励长期基础性领域的社会投资，提供风险补偿机制。重视开放性学术和技术社区建设，鼓励各种形式的国内外交流，打造全球科学交流高地，吸引创新资源和人才集聚。

（三）建立最具竞争力的市场环境

要打造全球最有竞争力的市场经济环境，完善产业基础配套体系。竞争环境方面，加强对产业基础领域的公平竞争特别是跨国垄断、倾销等行为的监测和监管，营造有利于创新和企业运营、内外资平等的环境。公共服务方面，要健全和提升标准化、监测、认证等服务体系，确保工业基础产品、软件、平台等的质量和品牌，打造面向国际市场和供应链的中国产品竞争力。

（四）重视基础规则话语体系的建构

要高度重视产业基础领域的规则话语体系。在贸易投资规则方面，继续积极参与及保护多边贸易投资体制框架，深入研究对我国造成影响的不利规则倾向，联合发展中国家伙伴，提出并践行自己的主张和原则，做出提早部署和积极应对。要着重对冲来自事实上已成为非市场经济国家的贸易投资壁垒。在国际标准方面，继续重视在国际标准组织的参与，鼓励和支持产业基础领域的中小企业参与国际标准化活动。在新兴领域治理方面，特别是在数据、信息通信技术（ICT）、空间等领域，强化国内公共领域和行业团体的治理能力，加强伙伴关系的建设和国际规则制定的参与，为我国上游基础企业争取更为公平友好的国际发展环境。

执笔人：刘铁志

专题二

培育具有全球竞争力的单项冠军
增强产业链控制力

制造业单项冠军企业是指长期专注于制造业某些特定细分产品市场、生产技术或工艺国际领先、单项产品市场占有率位居全球前列的企业，是制造业创新发展的基石。单项冠军企业的培育和成长对中国摆脱产业链低端锁定、突破“卡脖子”困境、增强产业链控制力、提高产业链的稳定性和质量至关重要。与全球隐形冠军企业最多的德国相比，中国的单项冠军企业在数量和质量方面都有待提高，对主业的聚焦程度和全球化程度都有待增强。对此，政府可以提供有利于企业生存的制度保障，维护有助于企业成长的市场环境，引导企业聚焦主业提质增效，为企业全球化提供服务。与德国隐形冠军企业相比，中国单项冠军企业的研发投入比重有待增加，研发投入方式的集约性和高效性有待改善。对此，政府应当加强产权保护制度以保障企业创新的合法权益，打造有利于企业创新的生态环境并为企业创新产品的应用提供更多场景。

一、培育单项冠军企业具有重要的研究价值和政策意义

为了引导制造业企业聚焦主业提质增效，走“专特优精”的发展道路，自 2016 年起，工业和信息化部（以下简称“工信部”）印发了《制造

业单项冠军企业培育提升专项行动实施方案》（以下简称《实施方案》），在全国范围内遴选单项冠军示范企业和单项冠军培育企业。实施制造业单项冠军企业培育提升专项行动，有利于引导企业树立“十年磨一剑”的精神，聚焦主业；有利于突破制造业关键重点领域，促进制造业迈向中高端，为实现制造强国战略目标提供有力支撑；有利于在全球范围内整合资源，占据全球产业链主导地位，提升制造业国际竞争力。

基于数据可得性、评价标准一致性、可比性等因素的考虑，在研究中国的单项冠军企业时，本文使用工信部网站公示的四批单项冠军示范企业和培育企业名单作为分析的基准资料来源，并结合文献研究和调研了解的单项冠军企业作为案例分析的素材来源；在进行国际比较时，将中德“隐形冠军”峰会公开发布的数据和德国管理学家赫尔曼·西蒙（以下简称西蒙）的研究调查数据作为分析比较的基础。

（一）单项冠军企业比领军企业更难培育且更有研究价值

之所以将研究重点聚焦在培育单项冠军企业而非打造领军企业方面，有以下几方面考虑：

首先，中国最担心的其实并非领军企业本身，而是核心技术、关键部件或特殊材料等，特别是那些在国际竞争中不具备优势的部分，而这些瓶颈的突破依靠的就是单项冠军企业。如果单项冠军企业掌握了核心技术、关键部件或特殊材料等，那么在中国这样一个拥有众多人口庞大市场的国家，其具有非常多的机会发展成为大企业并进一步成长为领军企业。与成长为领军企业面对规模的发展性问题相比，成为单项冠军企业需要解决的通常是有无的突破性问题，相比之下，单项冠军的培育更为困难，与领军企业相比，对单项冠军的研究非常重要。

其次，本文中对单项冠军企业的案例分析也包含了其向领军企业的发展过程（如华为案例），其中更多值得学习的是企业成长过程中有哪些好的经验做法，比如聚焦主业等。提炼总结企业好的做法，对于单项冠军和领军企业都具有一般意义上的借鉴价值，比单独对领军企业进行个案分析更有代表性和研究意义。

最后，在国际比较方面，各国对于领军企业没有相对统一的评价体系和标准，而对与单项冠军相似的隐形冠军企业的评价标准比较一致，因此从比较标准、参照意义和分析价值等方面来看，对单项冠军的研究更具有意义。

（二）单项冠军企业研究以德国隐形冠军企业为参照标准

《实施方案》对示范企业和培育企业在细分目标市场的聚焦程度，在细分产品市场中的市场占有率、生产相关的关键性指标性能、创新能力、经营业绩、从事相关业务领域的时间等方面都进行了详细规定，重点考察企业的市场聚焦度、市场地位、技术水平、经营业绩和市场专注度，主要评价指标如表 1 所示。

表 1　　中国单项冠军企业主要评价指标

指标大类	细分指标	示范企业	培育企业
市场聚焦度	从事制造业细分产品市场数量	1 ~ 2 个	1 ~ 2 个
	细分产品销售收入占全部业务收入比重	70% 以上	50% 以上
市场地位	单项产品市场占有率	全球前三	全球前五 / 国内前二
技术水平	生产技术、工艺、相关关键性能指标	国际领先	国内领先
经营业绩	利润率	超过同行业总体水平	高于一般制造业水平
市场专注度	从事相关业务领域的时间	10 年或以上	3 年或以上
	从事新产品生产经营时间	3 年或以上	-

资料来源：工信部产业〔2016〕6 号《工业和信息化部关于印发〈制造业单项冠军企业培育提升专项行动实施方案〉的通知》，作者整理。

单项冠军企业的遴选标准和评价体系与西蒙提出的"隐形冠军"企业的评价标准相一致，基于此，本书将德国的隐形冠军企业作为中国单项冠军企业的研究参照对象进行国际比较。

"隐形冠军"企业这一概念是由西蒙于1990年和1992年分别在《企业管理学》和《哈佛商业评论》中引入企业界和学术界的，用来代表那些不为消费者所熟知的在全球或区域市场上具有领先地位的中小企业。顾名思义，"隐形冠军"企业包含"隐形"和"冠军"两层含义。

第一层含义，"隐形"是指企业及其产品在消费者群体中知名度较低，不为消费者所熟知。大多数隐形冠军企业从事B2B（Business-to-Business）领域的生产活动，以企业为客户，是上游供应商，不直接面对消费者；只有很少企业活跃在B2C（Business-to-Customer）或C2C（Customer-to-Customer）领域，与消费者有所接触。谢丹丹等（2020）指出，据西蒙统计，德国的隐形冠军企业有69%从事B2B的制造业，20%从事C2C的制造业，还有11%从事服务业和其他领域。①

第二层含义，"冠军"是指这些中小企业通常都专注于业务，扎根在细分行业，掌握了细分行业的核心技术、关键部件或特殊材料，其产品难以被超越和模仿，企业很难被替代，因此在细分市场领域具有较高的市场占有率、生产优势和话语权，对终端产品的生产甚至具有决定性作用。

与"隐形冠军"的含义对应，隐形冠军企业的特点主要有三个，即冠军（以市场占有率衡量）、小企业和隐形。根据李森等（2020）的统计，学者们对隐形冠军企业的评价标准在具体指标方面有所差异②，但都离不开这三点要素。

---

① 谢丹丹、楼仲平、邓地，《赫尔曼·西蒙 中国将是德国隐形冠军最强大的对手》，《中外管理》，2020年第1期：第110–114页。

② 李森、吴德龙、夏恩君、赵轩维，《国外隐形冠军研究综述与展望》，《技术经济》，2020年第1期：第10–18页。

西蒙（1996）将隐形冠军企业所具备的三个特点概括为：第一，市场份额位居世界前二或欧洲市场第一，或与竞争对手相比处于领先地位；第二，年销售收入一般不超过10亿美元；第三，社会知名度低。[①]进一步地，西蒙（2009）将隐形冠军企业的三个特点修改为：第一，市场份额位居世界前三或欧洲市场第一；第二，年销售收入不超过40亿美元；第三，知名度低。[②]后来，西蒙（2012）将隐形冠军企业标准的第二条修改为"年销售收入一般不超过50亿欧元"。[③]

Lee（2009）将韩国隐形冠军企业的标准概括为：市场份额在韩国国内市场上位居榜首，或在世界市场上位居前三；年销售收入低于1万亿韩元。[④]

Kim（2010）从更广义的角度界定了隐形冠军的概念，即企业规模较小，但通过在细分市场精耕细作最终成为全球市场的领导者。[⑤]

Woojin（2016）将隐形冠军企业的特点概括为：第一，市场份额在国内或海外位居第一；第二，企业更依赖自有资金而非外部融资；第三，对债券融资的依赖程度相对较低，一般低于行业的平均水平；第四，重视研发活动，研发水平一般高于行业平均水平；第五，专注于某一特定领域，其增长与债务增加无关。[⑥]

---

① Simon, H., 1996, "Hidden Champions : Lessons From 500 of the World's Best Unknown Companies", Harvard Business School Press.

② Simon, H., 2009, Hidden Champions of the Twenty-First Century: The Success Strategies of Unknown World Market Leaders, Springer Science & Business Media.

③ Simon, H., 2012, Hidden Champions – Aufbruch Nach Globalia, Campus Verlag.

④ Lee, J. W., 2009, "The Exploration of New Business Area in the Age of Economic Transformation: A Case of Korean 'Hidden Champions' Small and Medium Niche Enterprises", Korean Small Business Review, 31（1）: 73-88.

⑤ Kim, S. W., 2010, "An Analysis of Critical Factors in the Success of Global Hidden Champion Enterprises", Korean Venture Management Review, 13（1）: 87-114.

⑥ Woojin, K., 2016, "Structural Features and Mechanisms of the Korean Powerhouses: What Makes these Niche Companies Leaders in the Global Market?", Journal of Economics and Political Economy, 3(2): 284-308.

Petraite 和 Dlugoborskyte（2017）将隐形冠军企业界定为知识密集型中小企业，80% 的收入来自国际市场，并且具有以下特点：第一，市场份额位居全球前三；第二，收入规模为中小企业水平；第三，知名度较低。[①]

德国为什么会产生如此多的隐形冠军，为何要将德国隐形冠军企业作为中国单项冠军企业的参照标准呢？杨小刚（2018）的研究表明，首先，在德国人严谨而理性的性格、德国企业对员工的重视、德国对产权制度的保护以及双轨制的职业培训制度（学生除了在课堂学习理论知识外，必须有固定时间在工厂实践和培训）等因素的综合影响下，德国产生了非常多的产品和市场份额在世界数一数二的隐形冠军企业。其次，不同于过度投入服务行业而相对忽视生产行业的英国、法国和美国等其他发达国家，德国的中小型企业和隐形冠军企业以工业制造为主，把就业大多留在了德国，其稳健的经营方式，对德国国民经济的稳定发挥了积极影响，使德国在 2008 年全球金融危机中受到的影响很小。[②]

正如报道中指出的，西蒙在 2017 年说道，要想成为隐形冠军就要去要求非常高的市场，而不是要求低的市场；一定要找到最强劲的公司，找到最强劲的对手，才能激发最强劲的能力。[③] 基于此，中国要想培育好发展好单项冠军企业，应当主动对标德国的隐形冠军企业，分析其成长特点和发展规律，取人之长补己之短。

---

① Petraite, M. and Dlugoborskyte, V., 2017, "Hidden Champions From Small Catching-Up Country: Leveraging Entrepreneurial Orientation, Organizational Capabilities and Global Networks", Global Opportunities for Entrepreneurial Growth: Coopetition and Knowledge Dynamics within and across Firms, Bradford: Emerald Publishing Limited, 91–122.

② 杨小刚，《小而强：德国隐形冠军企业的力量》，第一财经，2018 年 6 月 12 日。

③ 弓长张，《赫尔曼 · 西蒙：想成为隐形冠军去非洲不行，要去德国 PK 最强劲的对手》，先进制造业，2017 年 12 月 14 日。

（三）培育单项冠军企业是增强产业链控制力的重要途径

首先，如果一国在核心技术、关键零部件或特殊材料等方面的进口依赖度过高，则很容易被“卡脖子”，产业链安全始终存在隐忧。例如，何元元和郝群欢（2019）指出，2019年日本对韩国实行出口管制“狠招”，精准打击韩国半导体产业“命门”：日本自2019年7月4日起对出口韩国的三种半导体材料氟聚酰亚胺、光刻胶和高纯度氟化氢加强审查与管控，使韩国制造商很难找到替代品；此外，日本宣布将韩国从“白名单”中删除，对韩国出口的另外1120种军民两用的产品也进行限制。[①] 再如，“中制智库”理事长兼研究院院长新望（2020）指出，2020年中美贸易摩擦以来，芯片成为焦点，台积电迫于美国技术垄断压力停止为华为麒麟芯片代工；美国商务部对华300多家实体清单，华为独占60余家。在芯片领域，中国基本上没有办法反制美方制裁，供求和技术极端非对称，英特尔、高通、苹果、微软，中国都是强依赖，而其对中国则是弱依赖。[②] 由此可见，加快培育单项冠军企业具有非常强的紧迫性和战略意义，单项冠军企业对关键材料及核心技术等的掌控程度与产业链安全直接相关。

其次，培育单项冠军企业可以提高制造业产品附加值。单项冠军企业在专业细分领域具有优势地位，它们通常瞄准尖端技术，注重产品品质，而不会采取低价竞争策略或进行价格战。单项冠军企业通常掌握细分领域的关键技术、核心部件或技术水平等，因此其产品附加值相对较高。例如，杜晶晶和胡登峰（2020）的研究表明，作为苹果最大的中国零部件供货商之一，瑞声科技在苹果的整个产业链中的毛利率最高，曾

---

① 何元元、郝群欢，《日本出口管制对韩经济伤害几何》，《文汇报》，2019年8月11日，该文后经光明网“理论频道”转载。

② 新望，《从芯片看内循环“去中化”还是“去美化”》，中制智库，2020年9月21日。

高达 44.2%；该企业 15 年来每年的营业收入增长速度均保持在 30% 以上，在微型声学、光学、触控、超精密元件等细分领域均做到了全球市场占有率第一，在全球旗舰智能手机声学解决方案市场占有率超过 90%。[①] 因此，培育具有全球竞争力的单项冠军企业，有助于提高中国制造业企业的产品附加值，推动制造业企业转型升级；能够为产业基础高级化提供基础，提升产业链现代化水平。

最后，单项冠军企业可以通过深挖产业链上下游，更容易形成相对稳定的合作关系和产业链，有助于整个产业链生态系统的发展。例如，作为荷兰最大的半导体设备制造商，ASML（阿斯麦）在全球电子芯片光刻机市场占有 90% 的份额，在产业链中与其最重要的供应商形成长期稳定的合作关系：卡尔·蔡司为其提供系统的光学元件，德国 Trumpf 为其提供激光。因此，培育单项冠军企业，不仅是培育某个细分领域的单一冠军企业，实际上也为产业链上与其关系密切的其他企业提供了更加广阔的发展空间。单项冠军的培育和成长决定了产业链的发展质量，代表了后发优势，关系到中国能否在日趋激烈的国际竞争中实现突围。

因此，培育单项冠军企业有利于增强产业链控制力，有助于实现党的十九届五中全会提出的“推进产业基础高级化、产业链现代化，提高经济质量效益和核心竞争力”的要求。

（四）培育单项冠军企业是解决低端锁定困境的必由之路

中国制造业的发展更多是通过强大的供应链集成整合能力而成为“世界工厂”，但制造业在长期代工的生产模式下也暴露出众多发展弊端。据《21 世纪经济报道》统计，在一些关键零部件、元器件以及技术

① 杜晶晶、胡登峰，《制造业“隐形冠军”培育与区域创新生态系统构建》，《中国高校社会科学》，2020 年第 1 期：第 54–61 页。

含量高的关键材料上，中国70%依赖进口，高端专用芯片的进口依赖度甚至高达95%，这导致中国相关制造业面临“低端锁定”的困境，产业链和供应链存在极大的安全隐患。[①]

正因如此，中国产业链的绝大部分附加值被国外隐形冠军企业攫取，导致制造业出现“大而不强”的局面。一个国家能否成为制造业强国，不是由生产规模或者组装能力决定的，而是体现在对核心零部件和关键设备等的掌握。

以汽车行业为例，杜晶晶和胡登峰（2020）的统计表明，虽然中国是全球汽车生产量与销售量最大的国家，但2017年全球汽车零部件供应商百强榜中只有4家中国企业，而且供应的是非核心零部件；广汽传祺GS8受制于爱信变速箱优先供应外资品牌的供应策略，因此面临产能不足的困境。[②]

以通信、手机等行业为例，大部分核心元器件与系统都掌握在国外企业手中，日本企业减产从而电容和电阻等元器件缺货，导致中国大量中小电子企业停产。特别以依赖度最高同时也是最容易受制于人的芯片产业为例：为避开《瓦森纳协定》对中国先进技术的禁运，中芯国际将注册地选在了开曼群岛，并引入大量分散的外资股东入驻；通过股权换技术，产能换订单等灵活经营方式，中芯国际又先后将德国英飞凌、新加坡特许半导体、日本东芝、富士通等芯片巨头从客户变成了利益绑定的股东。然而，2003年年底，台积电以技术侵权为由将中芯国际告上美国加州法庭；2005年中芯国际选择和解，赔偿1.75亿美元并签下“中芯的所有技术都需供台积电自由检查”的条约。2006年中芯国际融资前夕，

---

① 《应培养一些中小企业成为隐形冠军》，《21世纪经济报道》，2018年6月22日，第1版。

② 杜晶晶、胡登峰，《制造业“隐形冠军”培育与区域创新生态系统构建》，《中国高校社会科学》，2020年第1期：第54–61页。

台积电以中芯国际违反和解协议为由，再次要求赔偿；中芯国际除赔款外，又交出10%股份。近期，美国商务部工业与安全局向部分供货商发出信函，对于向中芯国际出口的部分美国设备、配件及原物料须事前申请出口许可证后，才能向中芯国际继续供货①。

以上案例表明，单项冠军企业的培育和发展质量直接决定了中国能否突破“卡脖子”困境，彻底解决制造业“大而不强”、中国面临低端锁定的问题；培育高质量的具有全球竞争力的单项冠军企业是实现中国由制造业大国向制造业强国转变的必由之路。

（五）培育单项冠军企业有助于提升研发效率和创新质量

单项冠军企业规模相对较小，大都采取创新驱动型的发展战略，在解决生存压力和保持竞争优势的双重作用下，它们通常更加重视研发投入资金的使用效率和创新质量。

据报道，西蒙指出，与大企业每年将营业收入的固定比例进行研发投入的策略不同，德国中小型企业通常采用项目导向型的研发策略，在节省费用的同时产生更多成果②。

这一特点在中国的部分单项冠军企业中也可以观察到。例如，作为亚洲最大的玻璃装备制造集成商，蚌埠凯盛工程技术有限公司于2017、2018年连续两年入选安徽省蚌埠市30佳企业、国家级高新技术企业，其浮法玻璃退火窑产品荣获工信部2019年年底公布的第四批制造业单项冠军产品；该企业从事研发的费用不少于销售收入的6%，且每年开展的研发项目不少于15项③。

---

① 远川科技组，《中芯国际被制裁背后的三次战役与一根钢丝》，远川科技评论，2020年10月4日。

② 谢丹丹，《向德国“隐形冠军”学习什么？》，《中外管理》，2016年第4期：第56–57页。

③ 《隐形冠军——蚌埠凯盛工程》，《中国建材》，2020年第1期：第84–85页。

单项冠军企业的优势来源之一就是创新和研发。由于其在细分行业领域深耕细作较长时间，对于行业内先进技术的发展动态有较好了解，为了保持领先优势，对于行业内前沿技术突破和商业化应用的功能通常具有较高或较迫切的需求，其有意愿主动与行业内龙头企业进行重大技术突破与集成等方面的研发合作，与高校和科研院所等机构开展基础研究和共性技术研究等方面的创新合作，能更好地将技术和科技要素配置到产业发展的各个环节。

因此，单项冠军企业是国家创新体系中的重要组成部分和参与者，培育高质量的单项冠军企业有助于建立良好的创新协同体系，更好地利用创新的正外部性。单项冠军企业在细分行业领域的深耕细作和对技术前沿的把握，使其能够更加紧密地联系市场，实现创新产品的实际应用价值，从而提升研发效率和创新质量。

二、中国单项冠军示范企业的发展概况及与德国的比较

（一）中国单项冠军示范企业的发展概况

1. 单项冠军示范企业数量相对稳定，培育企业具有一定潜力

我们整理了工信部官网公布的中国制造业单项冠军示范企业和培育企业数量，汇总如表 2 所示。

表 2　中国制造业单项冠军示范企业和培育企业数量汇总表　（单位：个）

	第一批	第二批	第三批	第四批	合计
遴选时间	2016 年	2017 年	2018 年	2019 年	
单项冠军示范企业	54	71	68	64	257
单项冠军培育企业	50	20	26	—	96

资料来源：工信部官网，作者整理。

单项冠军示范企业代表了一批发展相对较好、在细分领域有较强竞争力的中小企业。由表 2 可以发现，每年公示的单项冠军示范企业数量比较稳定，维持在 60 ～ 70 家的规模，四批一共 257 家。

单项冠军培育企业代表了一批有发展潜力的企业。由表 2 可以发现，单项冠军培育企业共96家。此外，培育企业的发展也取得了一定的成绩：经过 3 年的时间，第一批单项冠军培育企业名单中有 4 家企业进入第四批单项冠军示范企业名单中，它们分别是常州强力先端电子材料有限公司（主营产品为肟酯类光刻胶引发剂），常州市宏发纵横新材料科技股份有限公司（主营产品为高性能纤维经编增强材料），杭州杭氧股份有限公司（主营产品为空气分离设备），以及天润曲轴股份有限公司（主营产品为中重卡曲轴）。

2. 单项冠军示范企业多集中在长三角、珠三角地区和山东省

以单项冠军示范企业为样本，分析其地区分布情况，统计结果如表 3 所示。

表 3　中国单项冠军示范企业主要分布地区统计　（单位：个）

地区	第一批	第二批	第三批	第四批	合计	百分比（%）
北京	1	3	2	3	9	3.50
天津	0	2	0	1	3	1.17
河北	2	1	0	1	4	1.56
山西	1	0	1	0	2	0.78
内蒙古	1	0	0	0	1	0.39
辽宁	2	3	0	0	5	1.95
吉林	0	0	1	0	1	0.39
黑龙江	0	1	0	1	2	0.78
上海	1	3	0	1	5	1.95
江苏	7	8	13	10	38	14.79

续表

地区	第一批	第二批	第三批	第四批	合计	百分比（%）
浙江	6	14	11	16	47	18.29
安徽	3	2	4	0	9	3.50
福建	2	6	4	1	13	5.06
江西	0	1	1	1	3	1.17
山东	12	12	16	21	61	23.74
河南	3	4	4	2	13	5.06
湖北	2	2	4	0	8	3.11
湖南	1	1	1	0	3	1.17
广东	6	3	3	6	18	7.00
重庆	0	1	0	0	1	0.39
四川	1	1	2	0	4	1.56
贵州	0	1	0	0	1	0.39
云南	0	0	1	0	1	0.39
陕西	2	1	0	0	3	1.17
新疆	1	1	0	0	2	0.78
重点地区合计						
京津冀地区	3	6	2	5	16	6.23
长三角地区	17	27	28	27	99	38.52
珠三角地区	10	13	12	8	43	16.73

资料来源：工信部官网，作者整理。

从区域来看，257 家单项冠军示范企业大多分布在长三角地区（包括上海、江苏、浙江和安徽）、珠三角地区（包括广东、福建、江西、湖南、四川、云南和贵州）和山东省，这三个地区分别贡献 99 家、43 家和 61 家单项冠军示范企业，占单项冠军示范企业总数的 38.52%、16.73% 和 23.74%；京津冀地区（包括北京、天津和河北）贡献 16 家单项冠军示范企业，占单项冠军示范企业总数的6.23%。

分省份来看，每一批单项冠军示范企业所在省份排行榜中，山东省、江苏省和浙江省稳居前三的位置。此外，在第一批公布的企业中，广东省与浙江省的单项冠军示范企业数量并列第三，安徽省和河南省并列第四；在第二批公布的企业中，福建省和河南省的单项冠军示范企业数量分别位居第四和第五的位置；在第三批公布的企业中，安徽省、福建省、河南省和湖北省的单项冠军示范企业数量并列位居第四的位置；在第四批公布的企业中，广东省和北京市的单项冠军示范企业数量分别位居第四和第五的位置。

3. 单项冠军示范企业中的上市公司多分布在技术密集型行业

为了从更微观的角度对中国单项冠军示范企业的发展情况进行分析，基于数据可得性考虑，本小节选取了单项冠军示范企业中的上市公司作为分析子样本。具体地，我们将单项冠军示范企业名单与CSMAR数据库、同花顺数据、中国研究数据服务平台（CNRDS）数据库进行匹配，得到中国单项冠军示范企业中的上市公司名单，共计85家企业，占单项冠军示范企业总数的33.07%，这意味着子样本具有代表性，分析结论同样适用于非上市的中国单项冠军示范企业。

中国单项冠军示范企业中的上市公司的行业分布情况如表4所示，其中，“行业名称”使用的是2012年版证监会行业分类标准。

表4　　中国单项冠军示范企业中的上市公司行业分布情况

行业名称	数量（家）	百分比（%）
专用设备制造业	13	15.29
仪器仪表制造业	2	2.35
农副食品加工业	1	1.18
化学原料和化学制品制造业	7	8.24

续表

行业名称	数量（家）	百分比（%）
化学纤维制造业	2	2.35
医药制造业	1	1.18
文教、工美、体育和娱乐用品制造业	1	1.18
有色金属冶炼和压延加工业	3	3.53
橡胶和塑料制品业	3	3.53
汽车制造业	8	9.41
电气机械和器材制造业	5	5.88
纺织业	3	3.53
计算机、通信和其他电子设备制造业	14	16.47
通用设备制造业	8	9.41
造纸和纸制品业	1	1.18
金属制品业	5	5.88
铁路、船舶、航空航天和其他运输设备制造业	3	3.53
非金属矿物制品业	4	4.71
食品制造业	1	1.18
合计	85	100

资料来源：工信部官网、CSMAR 数据库、同花顺数据和 CNRDS 数据库，作者整理。

可以发现，中国单项冠军示范企业中的上市公司分布最广泛的行业为计算机、通信和其他电子设备制造业，专用设备制造业，通用设备制造业，汽车制造业以及化学原料和化学制品制造业，分别占比 16.47%、15.29%、9.41%、9.41% 和 8.24%。另外，中国单项冠军示范企业中的上市公司中，分布较少的行业为农副食品加工业，医药制造业，文教、工美、体育和娱乐用品制造业，造纸和纸制品业，以及食品制造业行业，这些行业的企业数量分别占样本总数的 1.18%，合计占样本总数的 5.9%。

分析发现，与排名后几位的行业相比，计算机、通信和其他电子设备制造业，专用和通用设备制造业，汽车制造业，化学原料和化学制品制造业对关键材料和零部件、技术水平等的依赖程度更高，对企业的深耕细作和聚焦度要求更高，行业本身的技术和知识密集型特点为单项冠军企业的产生提供了天然的环境和土壤，意味着这些行业相对更容易产生单项冠军企业。

4. 单项冠军示范企业中的上市公司研发投入稳步增加，并且平均意义上优于相近企业

本小节以研发费用占营业收入的比重（以下简称“研发费用比重”），以及研发人员占总人数的比重（以下简称“研发人员比重”）作为企业研发投入的度量指标，分析了单项冠军示范企业中的上市公司的研发投入随时间的变化情况，对企业研发投入的变动情况进行纵向比较。

此外，本小节还以总资产、营业收入、营业利润和企业所处行业代码为关键指标，使用倾向得分匹配（Propensity Score Matching，PSM）方法，筛选出与单项冠军示范企业中的上市公司非常接近的非单项冠军示范企业上市公司作为对照组企业，对企业研发情况进行横向比较。

本节使用的分析样本及筛选的对照组企业均为上市公司。由于样本具有代表性，因此得到的结论同样适用于其他非上市的单项冠军示范企业（见表5）。

表5 中国单项冠军示范企业中的上市公司研发投入情况

研发费用比重（%）								
年份	企业数量（家）	均值	标准差	上四分位数	下四分位数	最小值	最大值	对照组均值
2010	55	3.51	1.92	4.6	2	0.4	8.5	3.39
2011	62	4.03	2.17	4.8	3	0.4	13.7	3.27

续表

研发费用比重（%）								
年份	企业数量（家）	均值	标准差	上四分位数	下四分位数	最小值	最大值	对照组均值
2012	68	4.62	2.14	5.3	3.3	1.3	14.4	3.17
2013	72	4.96	2.64	5.7	3.5	1	16.5	3.81
2014	84	4.96	2.77	5.7	3.3	0.5	19.5	4.45
2015	84	5.13	2.79	5.9	3.5	0.7	21.1	3.76
2016	84	5.2	3.06	6	3.4	0.8	16.7	4.24
2017	85	4.99	2.75	5.7	3.5	0.6	18.8	4.15
2018	85	5.22	2.86	5.7	3.8	1.2	18.8	4.65
2019	85	5.62	3.41	6.4	3.8	1.2	23.9	5.33
研发人员比重（%）								
年份	企业数量（家）	均值	标准差	上四分位数	下四分位数	最小值	最大值	对照组均值
2015	67	15.55	10.36	17.9	9.9	2.8	56	12.96
2016	71	16.14	10.73	18.3	10.2	3.2	61.4	14.52
2017	84	16.08	9.63	18.4	10.7	2.6	53.1	13.25
2018	85	16.51	9.45	19.8	10.7	2.6	50.6	14.27
2019	85	17.22	9.75	19.1	11.6	1.9	52.4	16.74

资料来源：工信部官网、CSMAR 数据库、同花顺数据和 CNRDS 数据库，作者整理。

首先，从均值来看，中国单项冠军示范企业中的上市公司的研发费用比重维持在 5% 左右，2019 年的均值达到 5.62%；研发人员比重维持在 16% 左右，2019 年的均值为 17.22%；随着时间推进，两者均值在总体上均呈现出稳步增加的态势。

其次，从标准差来看，随着时间推进，研发费用比重的标准差整体上表现出逐步增加的趋势，这表明单项冠军示范企业中的上市公司的研发费用比重的离散程度增加，这与极值（最大值和最小值）的变化规律是一致的：最小值的增加趋势较为平缓，最大值的增加幅度相对较大。与研发费用比重不同，近5年来研发人员比重的标准差逐步缩小，表明单项冠军示范企业中的上市公司在研发人员比重的投入方面趋于集中化，离散程度降低，这与极值的变化规律是一致的：最大值和最小值整体呈现下降趋势，但与最小值相比，最大值的降幅明显更大。

再次，从上四分位数和下四分位数来看，在单项冠军示范企业中的上市公司中，大约有25%的企业研发费用比重位于4.6%～6.4%范围内，研发人员比重位于17.9%～19.8%的范围内；75%以上的企业研发费用比重位于2%～3.8%范围内，研发人员比重位于9.9%～11.6%范围内。以2019年为例，研发费用比重（研发人员比重）位于6.4%（19.1%）以上的企业占样本数的25%，这意味着85家企业中大约有21家企业研发费用比重（研发人员比重）超过6.4%（19.1%）；研发费用比重（研发人员比重）位于3.8%（11.6%）以上的企业占样本数量的75%，这表明大约有63家企业研发费用比重（研发人员比重）超过3.8%（11.6%）。

最后，通过与对照组企业均值的横向比较可以发现，无论研发费用比重还是研发人员比重，在平均意义上，单项冠军示范企业中的上市公司整体要优于对照组企业，一定程度上也表明单项冠军示范企业比其他相近企业更加注重在研发费用和研发人员方面的投入，这或许是这些企业能够成为单项冠军示范企业的原因之一。

5. 聚焦主业是发展前提，拓展领域与主业相关更易取得成功

企业在制定发展策略时，应当注重对自身所在细分领域的聚焦，保持一定的专注度，在做好主业的基础上再将业务拓展至与主业相关的领域。例如，现在被众人所熟知的华为，在1987年成立之初，主业集中在用户交换机销售代理方面；随着资本积累，企业体量不断扩大，技术

不断成熟，其生产活动扩展到与其主业密切相关的其他领域，才逐步实现从企业市场到消费品市场的突破。华为表示不会拓宽业务环境，而是拓宽电子系统和软件计算系统在不同行业的应用，华为永远不会多元化发展①。

企业可以通过做好“第一产品”并发挥经营能力来保持“第一曲线”的持续性，然后再发展“第二曲线”；但如果在“第一曲线”发展尚不完善不充分的情况下，急于发展“第二曲线”，则非常危险。例如，谭长春（2020）指出，以房地产为主业的恒大集团曾经每年投入数亿元的费用向市场推广恒大冰泉，试图进军食品饮料领域，但与其主业跨度太大，并没有取得非常理想的效果。②谢丹丹等（2020）也指出，西蒙曾经以海尔为例，认为海尔在洗衣机市场上销量全球第一，在白色家电领域具有主业优势；海尔曾试图抓住机会进军手机领域，但发现无法与苹果、华为、小米等企业抗衡，主要是因为手机领域与其优势领域相差较大。③

（二）中德隐形冠军企业之间的国际比较

1. 中国隐形冠军企业数量排名靠前但与前列国家差距仍较大

西蒙 2015 年的研究表明，中国的隐形冠军企业数量位居世界前十。2019 年中德“隐形冠军”峰会公开发布的数据显示，全球隐形冠军企业共有 2734 家，德国以 1307 家企业位居榜首，占到总数的 47.8%，美国和日本分别以 366 家和 220 家位列第二、第三位，中国以 92 家位居第四。上述数据表明，中国近年来隐形冠军企业数量增加明显，2019 年隐

---

① 《“我的信心更大了”——与任正非面对面》，新华网，2021 年 2 月 9 日。

② 谭长春，《向华为学管理”系列（十四） 没有成功，只有成长》，《企业管理》，2020 年第 11 期：第 42–43 页。

③ 谢丹丹、楼仲平、邓地，《赫尔曼 · 西蒙 中国将是德国隐形冠军最强大的对手》，《中外管理》，2020 年第 1 期：第 110–114 页。

形冠军企业数量位居第四，与其他国家相比具有一定优势。但仍应该认识到，中国隐形冠军企业在数量级上与前三位国家，特别是位居榜首的德国仍然有非常大的差距。因此，中国在单项冠军企业的培育方面仍有相当长的路要走。

2. 中国单项冠军企业研发投入比重和研发投入方式仍待改善

谢丹丹等（2020）的报道显示，根据西蒙的调查，德国隐形冠军企业的研发支出占比是普通公司的两倍：一般公司研发支出是销售收入的3%，德国隐形冠军平均可以达到6%。在德国隐形冠军企业里，平均每1000个员工拥有的专利数量是31个，而在全球规模最大的1000家企业里，这一数据是6个。①

由表5可以发现，中国单项冠军示范企业中的上市公司的研发投入水平占销售收入比重的均值最大值为2019年的5.62%。与德国隐形冠军企业研发投入的平均水平相比，中国单项冠军企业的研发投入比重仍然有待提升。

此外，在研发投入特点方面，谢丹丹等（2020）总结道，西蒙将中国的隐形冠军企业的研发投入的方式比喻成“撒胡椒面”，即把研发资源同时投入到若干个细分领域，再判断哪个更有潜力，这或许可以更好地抓住行业机遇；而德国的隐形冠军企业一般会将研发资源聚焦到其优势所在领域的小品类上，这可能更有利于实现创新突破。②由此可见，中国单项冠军企业的研发投入方式仍然有改善空间。

3. 中国单项冠军企业通过全球化拓展市场的程度仍有待加强

聚焦于细分市场领域也会带来发展劣势，其中一个痛点就在于细分领域市场存在天花板，聚焦之后细分市场容量有限；如果仅聚焦在国内

①② 谢丹丹、楼仲平、邓地，《赫尔曼·西蒙 中国将是德国隐形冠军最强大的对手》，《中外管理》，2020年第1期：第110–114页。

市场，市场就更加有限了。如果突然出现变革性技术，市场需求忽然发生改变或者非市场力量突然干预，这些不确定性因素都会给企业带来极大的风险。对此，隐形冠军企业往往通过全球化的布局拓展海外市场，这有助于突破细分领域的市场天花板。此外，由于文化理念和发展水平等方面的差距，通过全球化布局有时也会实现“东方不亮西方亮”的效果，出乎意料地帮助企业开拓市场。笔者在调研过程中了解到，由于国内客户比较保守，国内应用场景相对较少，很多下游企业不愿意冒风险使用国产设备。为了打消国内客户的顾虑，作为机械装备行业的隐形冠军、注塑机行业的龙头企业，伊之密精密机械股份有限公司先将产品卖到海外市场，取得国际信誉之后再将产品引入国内。

德国隐形冠军企业将拓展海外市场作为打破细分领域行业天花板、拓展市场增强竞争力的重要手段，企业具有很强的全球化意识。王曼等（2020）的研究指出，德国隐形冠军企业在全球中小企业专业市场的份额达到 70% ~ 90%；而中国的企业发展到一定阶段往往会选择多元化战略，拓展经营领域而不是海外市场。[①]

根据 2019 年中德“隐形冠军”峰会公开发布的数据，中德两国隐形冠军企业的全球化水平相差较大，中国隐形冠军企业的全球化布局程度仍有待提高：德国有较多隐形冠军企业在海外布局国家的数量超过两位数，例如，电气元件和系统领域的企业费斯托（Festo）在海外布局的国家超过 60 个，生产机械工具的企业 Trumpf 在海外布局国家约 70 个，生产紧固件、螺丝及配件的企业伍尔特（Wuerth）和生产石膏产品的可耐福（Knauf）在海外的布局国家在 80（含）个以上，生产高压清洁机的卡赫（Karcher）和船只检测领域的德国劳氏（Germanischer Llod）在海

① 王曼、念沛豪、赵芸芸、谢振中，《中德“隐形冠军”发展现状对比及启示》，《科技中国》，2020 年第 8 期：第 60–61 页。

外布局国家超过120个。而在中国，医疗技术领域的迈瑞医疗在海外布局国家为42个，生产激光设备的大族激光和生产视频监控设备的海康威视在海外布局国家为13个，风电领域的金风科技、生产玻璃镀膜的蓝思科技和生产工业纤维的浙江海利得的海外布局国家仅为个位数。

4. 德国企业依靠内部力量掌控独创性优势，中国企业用纵向一体化策略保持竞争优势

《资源再生》的报道显示，有些德国的“隐形冠军”企业为保证产品质量，保持竞争优势而建立了自己的机械加工厂。这些企业认为独创性的东西需要依靠内部力量来完成，这样才能控制原材料，并打造自己独特的工艺、机械设备和产品。这种看似有悖于业务外包潮流的行为，某种程度上或许也是“工匠精神”的体现。

在中国，不少冠军企业会选择纵向一体化的发展策略，以便更好地把握产品质量，控制生产成本，从而在竞争中更有效率和品质保证，取得竞争优势。

据报道，创立于1978年的溢达集团是全球最大的纯棉衬衫制造商之一，客户包括Hugo Boss、Lacoste等世界知名的服装品牌，每年为客户生产的纯棉衬衣超过1亿件，是衬衣界的隐形冠军企业。与其他服装品牌商所倡导的产业链分包模式不同，溢达集团从创建之初就坚持纵向一体化的全产业链模式。从棉花种植到服装的生产，溢达集团一直沿着整个衬衫生产的供应链布局，从制衣开始，投资了面料厂、高支纱厂、印染厂等。在纵向一体化的生产体系下，溢达集团可以从整体上对产品生产进行规划，甚至在新品研发和设计等方面都更加有效率。①

成立于1948年的石家庄四药有限公司，作为民营企业发展成功的典

① 《从种棉到成衣 这家企业如何成为衬衣界的“隐形冠军”？》,《网印工业》,2020年第1期：第45–46页。

范，于 2007 年在中国香港上市。石家庄四药有限公司以生产大输液为主导，兼顾片剂、胶囊剂、水针等多种剂型，在生物制剂、医用包材等新型产业领域也有所发展，其生产规模、技术水平、品牌影响力和经济效益都位居国内同行前列，连续多年跻身中国制药百强企业、中国化学制药行业制剂出口型优秀企业品牌行列。笔者在调研过程中了解到，为了控制生产成本、保证产品品质，石家庄四药有限公司分别采取在沧州收购原料厂，在江苏收购包材厂等战略布局，打通上下游产业链，提升企业利润率。

再如，成立于 1995 年的上海丽珠制药有限公司，作为以生产和开发现代生物医药产品为主体的制药企业，连续多年被评定为"上海市高新技术企业"，获得过"上海市科技小巨人企业"等称号。该企业发现自己生产与国外进口辅料之间存在两个数量级的成本差异，因此企业自己做原料和辅料，以便更好地控制前端质量和生产成本。

5. 中国企业多追逐上市目标而德国企业更愿将企业留在家族手中

资本是企业发展过程中非常重要的生产要素，也是决策者必须考虑的现实问题。企业如何平衡资本与外部干预之间的关系，直接影响了其决策的自主权以及企业发展的持久性等问题，是需要决策者认真考虑和权衡选择的问题，一定程度上也反映了企业经营者的管理艺术和战略智慧。

例如，航天柏克（广东）科技有限公司作为高端的中大功率电源制造商，靠研发创新和过硬的产品质量取得市场，荣获"2019 年度禅城区经济突出贡献企业"称号。该企业 2019 年销售额大约为 3.6 亿元，产值约为 4.2 亿，税收大约为 2460 万元；企业 290 多名职工中，研发、生产和后勤人员之间的比例大概是 1∶1∶1，大专以上职工占比 69%。在调研过程中，该企业负责人向笔者介绍，企业经营需要垫付大量资金，银行借贷非常重要。作为民营企业发展受到限制，流动资金一直是"卡脖子"问题，所以该企业选择与军工企业合作，进入航天领域，企业才得以存活。

资本的影响是一分为二的，一方面资本会给企业带来迅速扩张的机会，另一方面上市也给企业带来扩张的压力：有时候为了给资本市场“讲故事”，为了短期内找到新的增长点，企业可能跟风去做自己不擅长的风口行业，企业的“战略定力”会受到挑战，作出的决策也未必符合企业长远利益。

在中国，很多企业都会在发展早期就开始追逐上市目标。企业一旦上市以后，膨胀速度非常快。而德国企业更愿意将企业留在家族手中。根据徐珊和陈晓平（2020）的报道，西蒙指出，德国大多数隐形冠军家族至今拒绝上市，原因之一在于他们担心股东的压力会造成 CEO 任期缩短；另一个原因就是，由此被迫对外公布更多的企业信息。①

三、培育具有全球竞争力的中国单项冠军企业的建议

从企业生存、成长和创新的视角出发，就如何培育具有全球竞争力的单项冠军企业，提高产业链的控制力提出几点政策建议。

（一）完善政策配套措施，提供有利于企业生存的制度保障

对企业而言，首先考虑的是生存问题，只有活下去才有机会成长，在细分领域精耕细作并进一步发展为单项冠军企业。因此，政府首先应当完善相关的政策配套措施，尽可能为企业生存提供完善的制度保障。

例如，政府对药品或相关医疗器械等制定了带量采购政策，对国内和进口产品执行不同的采购价格。与技术条件等已经相对成熟因此可以

① 徐珊、陈晓平，《隐形冠军解密》，《21 世纪商业评论》，2020 年第 1 期：第 42–45 页。

轻易分摊成本的国外企业相比，国内企业仍处于起步或发展阶段，尚不具备技术或成本优势，在此情形下实行分类定价政策一定程度上可以避免跨国公司或者国外企业以低价竞争策略挤出国内企业的现象，从而为国内企业提供更好的成长和发展环境；另外，国外更高技术水平的产品和服务的引进能够推动国内相关领域的技术水平提升和评价标准的完善，促进相关企业的整体质量水平和素质等提高。值得注意的是，带量采购政策压低医药产品的价格，可能不利于那些前期研发投入比较多的国内企业的成本分摊，给企业的后续研发创新带来压力；对此，可以考虑制定相关的配套政策进行一定程度的补偿等。

（二）引导企业聚焦主业，维护有助于企业成长的市场环境

单项冠军的出现和成长是企业自身决策和内生发展的结果。陈晓平（2020）指出，虽然近年来各地区都制定了许多政策激励单项冠军发展，日本和韩国等纷纷出台激励政策，但效果有些不尽如人意，根本原因在于单项冠军的推动还是要靠企业家进行；如果企业家意愿不够强烈，短期内政府的激励政策不见得有效。①

为了引导企业聚焦主业提质增效，政府应当始终坚持以企业为市场主体的原则，维护有利于企业成长和发展的市场环境。例如，政府可以加强市场监管，尽可能保障公平竞争的市场环境，抑制企业之间的不正当竞争；简化政策办理流程，提高行政办事效率，如提高增值税即征即退政策的时效性，完善研发费用加计扣除和留抵税款退税政策，切实减轻企业的财税压力和运营负担；发挥政府公共服务平台的作用，帮助企业了解国外政策法规等，鼓励企业发展海外市场。

---

① 陈晓平，《隐形冠军们的大时代》，《21 世纪商业评论》，2020 年第 1 期：第 36–41 页。

关于政策时效性和效率问题，有医药企业和医疗器械企业向笔者表示，国内对于医药产品及医疗器械的市场准入机制相对较严，审批流程复杂，时间较长。例如，国内对于医疗器械的准入，要求企业具备注册证，代理商手续和资格完备，具有市场准入资格，并且在医院招标窗口期进行，这意味着产品进入市场差不多需要两年的时间；而国外流程较快，产品不到半年就可以进入医院。以上表明，国内相关政策和流程存在一定的优化和完善空间。

此外，笔者在调研过程中了解到，企业普遍认为制约其发展的其中一个重要问题就是引进和留住人才困难。对此，各地政府可以加强对公共服务的投入力度，尽可能实现公共设施服务的均等化，缩小地区差距，降低区域之间发展的不平衡程度。在此基础上，结合地区发展特点，地方政府可以充分发挥财税政策工具等行政力量，提供更具有吸引力的人才引进和配套政策，完善人才在住房、医疗、子女教育等方面的保障措施，增强地区对人才的吸引力度，帮助企业解决在人才引进和留用工作中遇到的问题。

（三）加强产权保护制度，打造有利于企业创新的生态环境

单项冠军企业非常注重研发投入，这样才有可能掌握核心技术、关键零部件或特殊材料等，这也是其能够在细分行业领域保持市场优势地位的重要原因之一。完善产权保护制度对于激励企业的创新主动性、维护企业创新收益非常重要。德国严格的产权保护制度为其隐形冠军企业的产生和成长提供了制度保障，中国在这方面仍然有许多可以完善的空间。

例如，专注于医学影像设备关键部件X线平板探测器的研发、生产和销售的上海奕瑞光电子科技股份有限公司，凭借其研发和创新能力，

成为全球为数不多的、掌握全部主要核心技术的数字化X线探测器生产商之一。该企业在美国的市场占有率为7%，是经济型DR（数字化医用X线摄影系统）市场领域第二；2016年奕瑞在中国DR市场的占有率为25%，2018年市场占有率进一步增长到45%以上。该企业于2012年被认定为国家高新技术企业，2016年被认定为“上海市科技小巨人企业”，2018年被评为“上海市专利工作试点企业”和“上海市级企业技术中心”。在调研过程中，企业表示核心技术都由企业自主掌握，不担心国外竞争，反而可能受到国内企业的侵害，但要等到侵害企业达到500万元营业收入才能起诉，这项制度显然不利于企业创新，无法充分保障企业的合法权益，因此希望相关部门进一步完善有关政策。

杜晶晶和胡登峰（2020）的报道表明，为了更好地培育隐形冠军企业，德国政府还推动建设创新聚集带，为企业提供信息共享平台，降低企业准入门槛，使企业与实验室和市场之间的联系更加密切，充分发挥创新协同效应。[①]

鉴于此，地方政府可以出台相应政策，提供有利于创新的环境。例如，可以通过制定财税激励政策和完善配套措施等，鼓励龙头企业联合高校、科研院所和单项冠军企业建立集“产—学—研—用”于一体的创新协同体系，在政策上帮助企业尽快实现创新成果落地，提高创新效率。

此外，政府可以从需求端为单项冠军企业的产品特别是新研发产品的应用提供政策支持，这也反映了政府对单项冠军企业的认可，能够鼓励企业聚焦主业精耕细作，大胆创新。笔者在调研过程中了解到，不少企业希望政府能够提供应用场景，使国产化设备拥有更多应用机会。

执笔人：张中祥　邵珠琼

---

① 杜晶晶、胡登峰,《制造业“隐形冠军”培育与区域创新生态系统构建》,《中国高校社会科学》, 2020年第1期：第54–61页。

专题三

促进产业价值链升级
提升产业链现代化水平

党的十九大报告提出，要促进我国产业迈向全球价值链中高端。党的十九届五中全会提出，要坚持把发展经济着力点放在实体经济上，坚定不移建设制造强国、质量强国、网络强国、数字中国，推进产业基础高级化、产业链现代化，提高经济质量效益和核心竞争力。产业链现代化是我国经济高质量发展的重要内容，而价值链的升级则是提升产业链现代化的主要途径。

2020 年新冠疫情暴发加速逆全球化的进程，全球贸易规则进入重构，美国甚至提出重要供应链“去中国化”的战略，对我国产业链安全和现代化水平提升带来很大的冲击。同时，我国提出加快构建以国内大循环为主体、国内国际双循环相互促进的新发展格局。因此，我们对国内外产业链和价值链要有清醒的认识，以备对全球经济“大变局”做出及时应对。

本文首先分析了疫情对我国产业链的冲击，从国内前向和后向价值链及国际前向和后向价值链，深入研究了嵌入价值链程度和深度，以及我国增加值出口规模。在全球价值链中，我国传统制造业前后向生产长度较高，而服务业的后向生产长度较高。但从高科技产业分析，与发达国家相比，除个别产业呈现一定优势，我国制造业参与全球价值链地位整体处于中低端水平。在政策建议方面，我们认为，应提高创新链整体效能，提升国内前向价值链创新效率，促进产业基础高级化；持续优化国际化营商环境，提升国内后向价值链产业长度，促进内地产业链现代化；构筑互利共赢的产业链研发创新合作体系，提升国际前向价值链产业长度，促进产业链国际化。

一、疫情对我国产业链的冲击

突如其来的新冠肺炎疫情对我国经济社会发展带来较大冲击，尤其是对产业链、价值链和供应链的安全带来了极大的挑战。重大突发公共事件造成了进口端“断链”和出口端“断需”。如图 1 所示，自疫情暴发，2020 年 2 月份工业增加值同比增长率遭遇重创，由 2019 年 12 月份 6.9% 降至 2020 年 2 月的 –13.5%，但随后逐渐恢复至疫情前水平，甚至在 12 月已经达到 7.3%。2020 年 3 月出口和进口以及总值均受到影响，进口总值同比增长由 2 月的 16.5% 降至 3 月的 –4%，出口总值同比增长由 2 月的 7.9% 降至 3 月的 –17.2%，进出口总值同比增长由 2 月 11.5% 降至 3 月的 –11%。3 月之后，出口总值不断回温，除 6 月有稍许下滑，到 12 月份增长率已经达到了 18.1%。进口总值同比增长率在 6 月下滑到最低点 –16.7%，到 10 月份增长到最高点 13.2%。可以发现，疫情对工业增长带来最直接的冲击，之后随着疫情成为全球性危机，出口和进口继而受到影响，尤其是进口受到更大的冲击。

进一步，分析疫情对各行各业的冲击。我们选取 2020 年 3 月和 11 月的工业增加值进行对比，如图 2 所示，3 月份大部分产业受到了冲击，而 11 月份大部分产业恢复到正增长。具体来看，3 月份受到冲击较大的行业是金属制品、机械和设备修理业，皮革、毛皮、羽毛及其制品和制鞋业，文教、工美、体育和娱乐用品制造业，其他制造业，汽车制造业，工业增加值同比增长率分别是 –10.1%、–10.6%、–10.7%、–12.9% 和 –22.4%。而 3 月份保持正向较快增长的行业是烟草

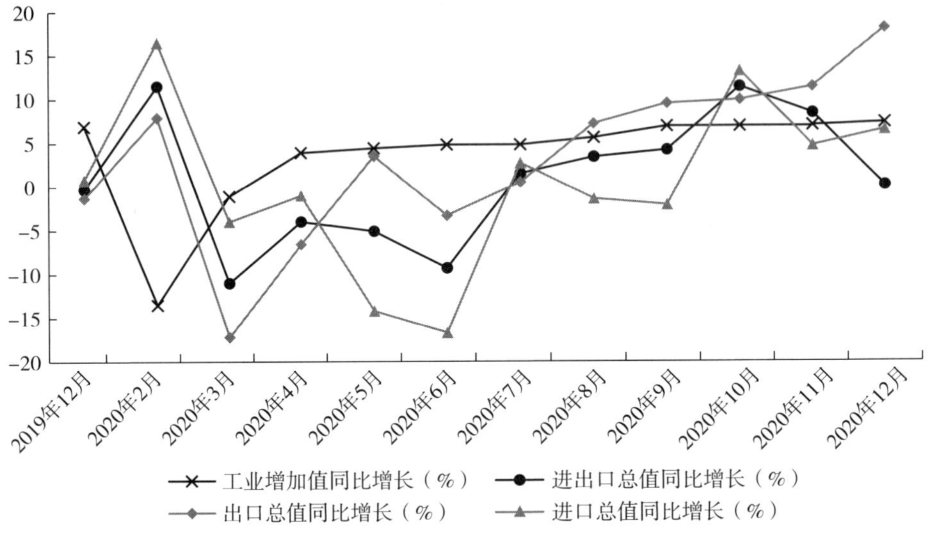

图 1　最近 13 个月我国工业增加值、进出口总值同比增长率

资料来源：国家统计局。

制品业，医药制造业，计算机、通信和其他电子设备制造业，煤炭开采和洗选业，废弃资源综合利用业，工业增加值同比增长率分别是 16.1%、10.4%、9.9%、9.1% 和 8.5%。11 月份增长较快的是电气机械和器材制造业，金属制品业，医药制造业，汽车制造业，专用设备制造业，工业增加值同比增长率分别是 18%、13.8%、13.6%、11.1% 和 10.5%。而 11 月份仍增长较靠后的是黑色金属矿采选业，纺织服装、服饰业，皮革、毛皮、羽毛及其制品和制鞋业，金属制品、机械和设备修理业，开采专业及辅助性活动，工业增加值同比增长率分别是 –5.3%、–6.4%、–7.7%、–9.8% 和 –15.5%。可以发现，医药制造业在 3 月份和 11 月份均保持了稳定增长，汽车制造业在 3 月份受到了较大冲击而 11 月份恢复了较快增长，而金属制品、机械和设备修理业以及皮革、毛皮、羽毛及其制品和制鞋业因为疫情仍未恢复正向增长。

在外部环境方面，疫情给不同行业带来不利影响，在内部，还暴露出

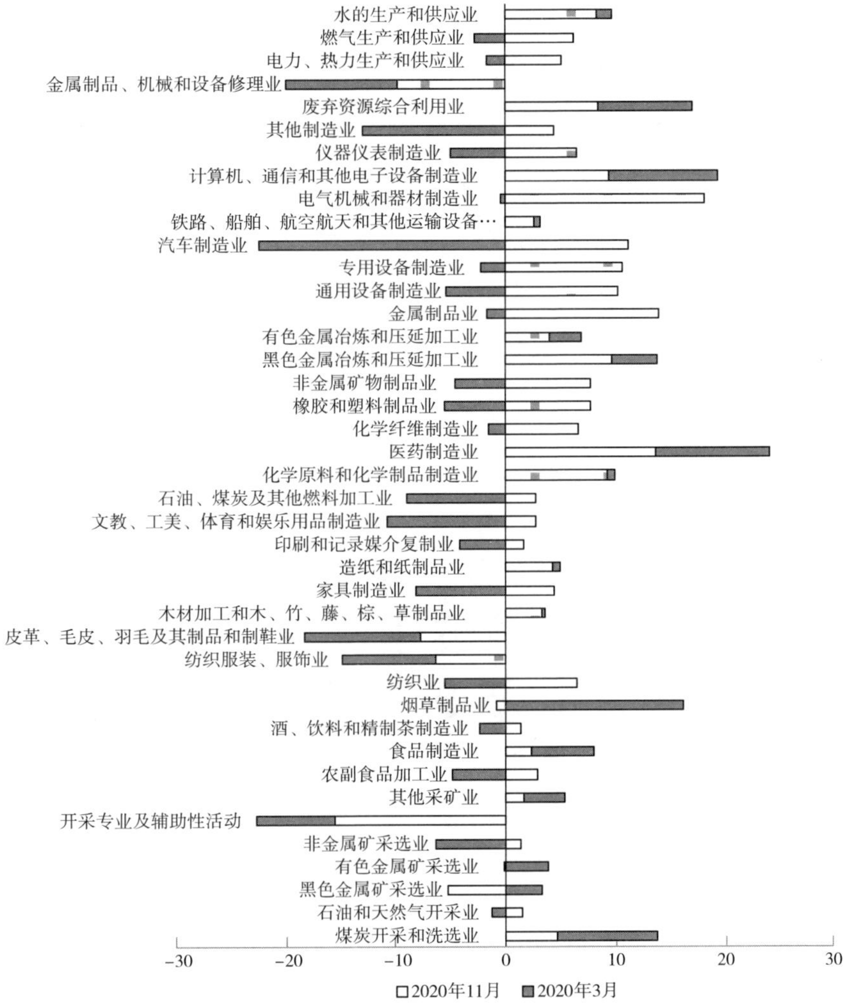

图 2　2020 年 3 月和 11 月我国各产业工业增加值的增长率

资料来源：国家统计局。

我国产业链发展的不足。尽管我国具有比较独立完整的工业体系，完善的产业配套能力，但在高科技产业和基础领域仍然存在“卡脖子”问题，而且疫情放大了这一缺陷。全球化下产业链的发展类似于“木桶原理”，木桶能装多少水，不是取决于长板，而是取决于短板（寇宗来，2020[①]），而产

① 寇宗来.《对话》.https://new.qq.com/omn/FIN20200/FIN2020051500461200.html

业链现代化水平真正挑战不是取决于优势产业，实际上取决于高科技弱势产业。尽管我国已拥有41个工业大类、207个工业种类、666个工业小类，形成独立完整的现代工业体系，但是我国很多高科技产业需要大量来自美国、欧盟、日本、韩国等国家和地区的技术投入，对国外的技术密集型产品依赖度高。如图3所示，2000～2014年我国计算机、电子信息制造行业产品来自本国的技术含量逐渐增多，但仍采用其他国家的很多技术，尤其是美国，2007年达到了2200美元/人。

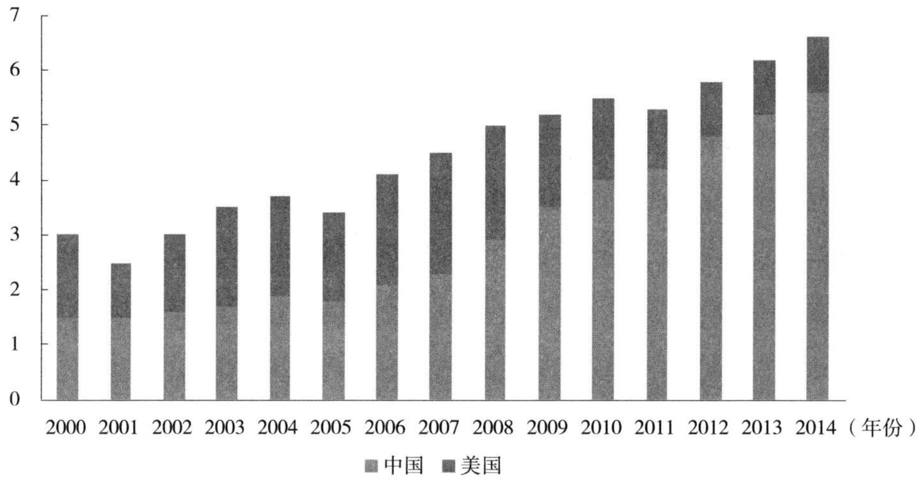

图3　中国计算机、电子信息制造行业产品中来自同行业的技术含量（千美元/人）

资料来源：南京大学长江产业经济研究院。

二、我国参与全球价值链地位

改革开放以来，在出口导向的产业发展模式驱动下，我国积极参与全球价值链分工并快速实现产业升级。但主要并长期从事简单加工组装等低附加值、低技术含量的劳动密集型生产环节，未能随外贸发展而有效实现价值链提升，目前仍被发达国家锁定在全球价值链的中低端

（Koopman 等，2014[①]；倪红福，2017[②]），亟待实现向价值链中高端迈进。借鉴 Wang et al.（2017b）[③] 的相关指标我们从参与全球价值链的前向生产长度、后向生产长度以及参与地位来深入分析嵌入深度。

（一）前向生产长度

前向生产长度，是基于产业的前向联系即供给视角计算的生产长度，是反映自身以及所有下游参与全球价值链的生产技术复杂度。图 4 展示的是 2014 年中国各产业全球价值链前向生产长度。前向生产长度排名靠前的是电、煤气、蒸气和空调的供应，采矿和采石，渔业和水产业，集水、水处理与水供应，林业与伐木业，PLv_GVC 分别是 6.7605、6.6647、6.6241、6.3618 和 6.3381。其全球价值链参与地位分别为 1.3201、1.314、1.1626、1.0957、1.2784。可以发现，前向参与更多的产业集中在农业、传统制造业和服务业，集中在技术较为简单的生产工序，全球价值链参与地位较高。前向生产长度排名靠后的是基本医药产品和医药制剂的制造，水上运输，家具的制造以及其他制造业，计算机程序设计、咨询及有关活动以及信息服务活动，其他非金属矿物制品的制造等，PLv_GVC 分别是 3.6793、3.8841、3.914、4.1211 和 4.3534。前向参与较少的产业集中在高技术产业和现代服务业，往往是技术和知识密集型行业。其全球价值链参与地位分别为 0.6644、0.7775、0.7021、0.772 和 0.8198，表明虽然我国在基础性产业已经占有一定的优势，但在一些高新技术产业参与全球价值链地位较低，存在技术短板，缺乏先进技术和前沿知识，在关键时刻容易“掉链子”。

---

① Robert Koopman, Zhi Wangand Shang-Jin Wei.Tracing Value-Added and Double Counting in Gross Exports[J].American Economic Review, 2014, vol. 104, issue 2, 459–94

② 倪红福 . 中国出口技术含量动态变迁及国际比较 [J]. 经济研究 , 2017, 52（01）:44–57.

③ Wang Zhi, Wei Shang-Jin, Yu Xingding and Zhu Kunfu, Characterizing Global Value Chains, Working Paper September， 2017b.

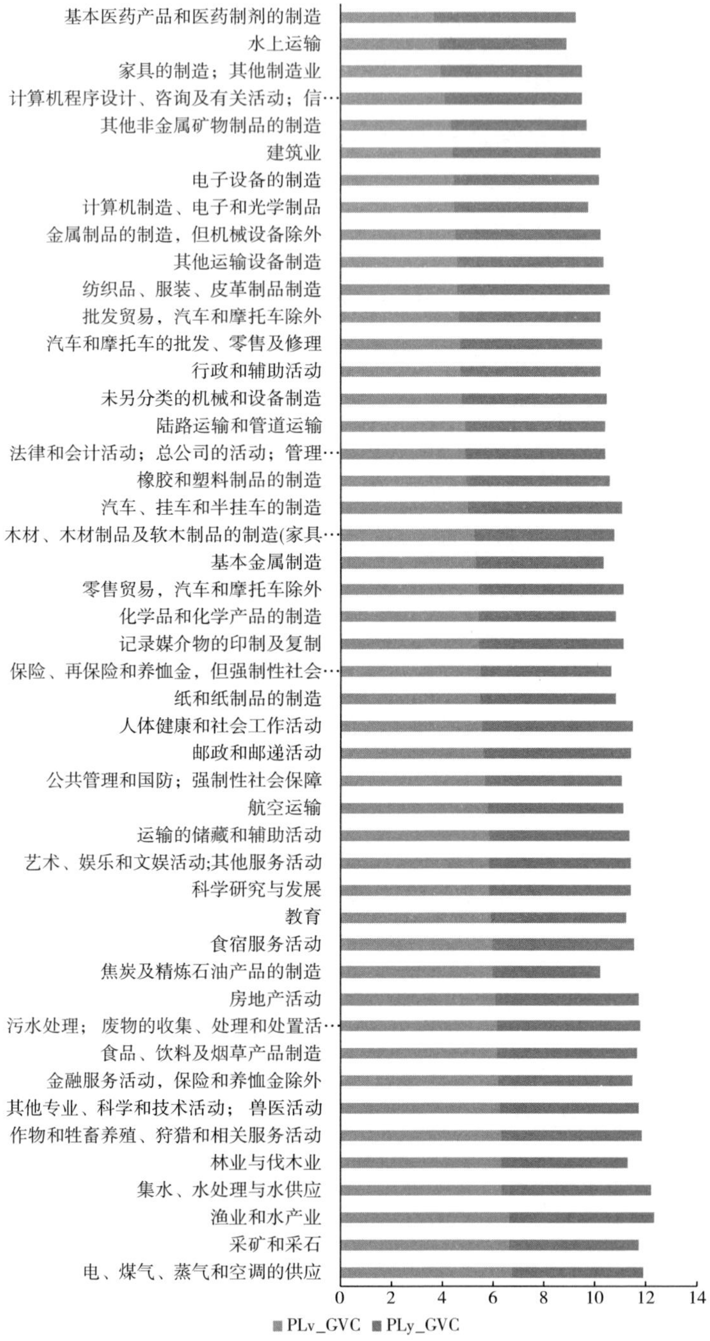

图 4　2014 年中国全球价值链参与地位

资料来源：WIOD 数据库的子数据库 UIBE

（二）后向生产长度

后向生产长度，是基于产业的后向联系即需求视角计算的生产长度，是反映自身以及所有上游参与全球价值链的生产技术复杂度。继续分析图 4 的全球价值链后向参与指数，后向生产长度排名靠前的汽车、挂车和半挂车的制造，纺织品、服装、皮革制品制造，人体健康和社会工作活动，邮政和邮递活动，集水、水处理与水供应，PLy_GVC 分别是 6.0417、5.9789、5.9489、5.8196 和 5.8063，其全球价值链参与地位分别为 0.826、0.7697、0.932、0.9643 和 1.0957。可以发现，后向参与更多的产业集中在传统制造业和服务业，全球价值链参与地位较低。后向生产长度排名靠后的是焦炭及精炼石油产品的制造，林业与伐木业，水上运输，基本金属制造，采矿和采石等，PLy_GVC 分别是 4.2462、4.9578、4.996、4.9995 和 5.0722，其全球价值链参与地位分别为 1.4039、1.2784、0.7775、1.0668 和 1.314。后向参与较少的产业集中在第一产业、资本密集型制造业和服务业，往往是因为缺乏资本和市场。其表明我国在嵌入全球价值链中，因为资本要素和市场资源不充裕等原因，使得需求视角下产业生产长度较小，属于低端嵌入。因此，对我国而言，产业现代化发展的重要方向就是要在产品研发、创新设计、售后服务等环节补齐需求短板，增强现代物流、商务会展、信息服务等领域的支撑能力，增强价值链中服务环节的作用和价值创造能力，更好地支撑品质和效率升级。

（三）参与全球价值链地位

全球价值链位置指数（Global Value Chain Position Index），是前向生产长度和后向生产长度的比值。如图 5 所示，选取前向生产长度最靠前的电、煤气、蒸气和空调供应产业分析，可以发现该产业前向生产长度和后向生产长度均在稳定地上升，全球价值链在阶梯式螺旋上升。在 2000 年、2006 年、2008 年和 2012 年，我国的全球价值链参与地位先下降后不断上升到一个新的水平。可以说明，在参与全球价值链过程中，我国产业制作与加工的复杂程度不断上升，主要是源于产业国际关联带来的技术和知识溢出。其中，2000 年全球价值链地位的大幅下降主要是源于加入 WTO 带来大量企业以加工贸易的方式融入全球价值链分工体系，进行简单的加工组装，呈现低端嵌入和“血拼式”恶性竞争的特征。另一个较明显的下降是 2008 年，金融危机使得全球经济疲软，陷入萎缩状态，我国参与全球价值链分工的数量和质量升级均受限。宽松和紧张的世界经济环境，对我国的全球价值链参与地位影响较大，所以升级路径亟待丰富。

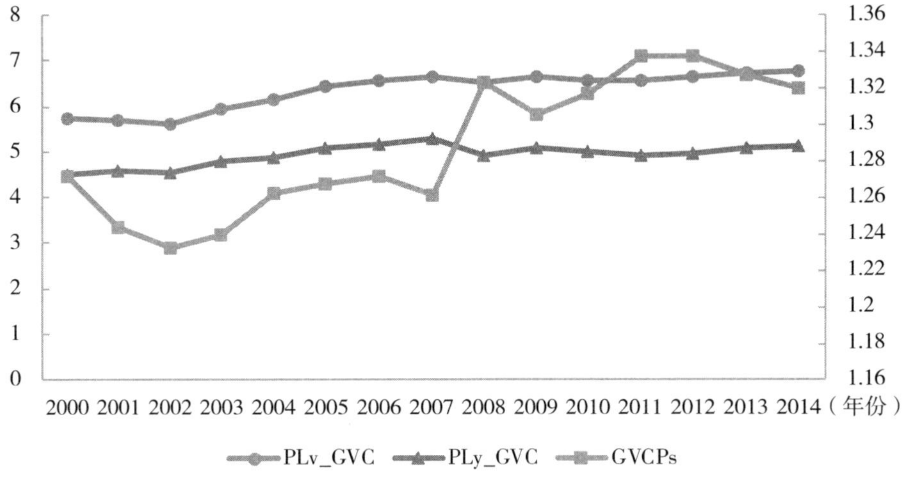

图 5 2000 ~ 2014 年中国电、煤气、蒸气和空调供应的全球价值链参与地位指数

资料来源：WIOD 数据库的子数据库 UIBE。

因此，在全球价值链中，我国传统制造业前后向生产长度较高，而服务业的后向生产长度较高。从高科技产业分析，与发达国家相比，除个别产业呈现一定优势，我国制造业参与全球价值链地位整体处于中低端水平。典型加工贸易部门计算机制造、电子和光学设备制造业明显向价值链上游迈进。通过动态分析传统制造业的电、煤气、蒸气和空调供应产业，发现我国全球价值链地位在阶梯式螺旋上升。立足我国产业规模优势、配套优势和高铁、人工智能、量子计算等部分领域先发优势，全面夯实产业基础能力，构建有利于产业基础能力提升的制度环境，从长远战略角度推动一批能够助力高质量发展，引领新一轮科技革命和产业变革的产业基础技术和产品突破，努力锻造产业链供应链长板，形成局部领域领先的优势，获取和发达国家谈判的砝码及反制“卡脖子”约束的非对称制衡能力，形成引领未来发展的产业基础优势，重点是“锻长板”和“拓优势”。

三、我国参与全球价值链程度

在参与全球价值链分工下，我国成长为制造业大国，与美国、德国共同属于全球制造业生产网络的枢纽。继续深入产业层面对我国参与全球价值链程度进行分析，从前后向参与以及全球价值链参与指数分别研究，厘清我国在全球价值链参与的规模优势。

（一）全球价值链前向参与

根据 Wang et al.（2017a）[①]，全球价值链前向参与指数，是通过前向参与方式（研究增加值去向），一国参与全球价值链生产活动的增加值占一国的总增加值的比值，可以理解为一国或一国产业部门的国内要素占跨国生产分割活动的比重。如图 6 所示，2014 年中国各产业全球价值链前向参与和后向参与指数。全球价值链前向参与排名靠前的是计算机

① Wang Z,Wei S.J. & Zhu K.f.Measures of Participation in Global Value Chain and Global Business Cycles[Z]. NBER Working Paper No.23222,2017a:6-15

制造、电子和光学制品，水上运输，橡胶和塑料制品的制造，陆路运输和管道运输，化学品和化学产品的制造，分别是0.2704、0.254、0.212、0.2061和0.2054，其全球价值链参与度分别为0.9701、1.5058、1.269、2.1854和1.1188。前向参与排名靠后的是人体健康和社会工作活动，教育，公共管理和国防以及强制性社会保障，建筑业，渔业和水产业，分别是0.0044、0.0059、0.0073、0.0086和0.0335，其全球价值链参与度分别为0.0583、0.0924、0.1139、0.0629和0.7979。可以发现，前向参与更多的产业集中在制造业和传统服务业。计算机制造、电子和光学制品等前向参与度较高，反映我国在一些先进制造业的参与度较大，但是前向生产长度并不复杂，说明我国先进制造业呈现大而不强的特征，附加值多而技术含量低。传统服务业前向参与度高，而新兴服务业前向参与度低，说明我国服务业在全球价值链分工中处于劣势，这也与我国服务业长期处于贸易逆差的现状相符。

（二）全球价值链后向参与

全球价值链后向参与指数，是通过后向参与方式（研究增加值来源），一国参与全球价值链生产活动的增加值占一国总增加值的比值，一国或一国产业部门的最终产品来自全球价值链相关的生产和贸易活动的比重。如图6所示，2014年中国各产业全球价值链后向参与指数。全球价值链后向参与排名靠前的是计算机制造、电子和光学制品，焦炭及精炼石油产品的制造，基本金属制造，电子设备的制造，化学品和化学产品的制造，GVC_Pat_b分别是0.2787、0.2386、0.2088、0.1902和0.1836，其全球价值链参与度分别为0.9701、0.6583、0.7792、0.9713和1.1188。后向参与排名靠后的是房地产活动，金融服务活动以及保险和养恤金除外，渔业和水产业，汽车和摩托车的批发、零售及修理（批发贸易、汽车和

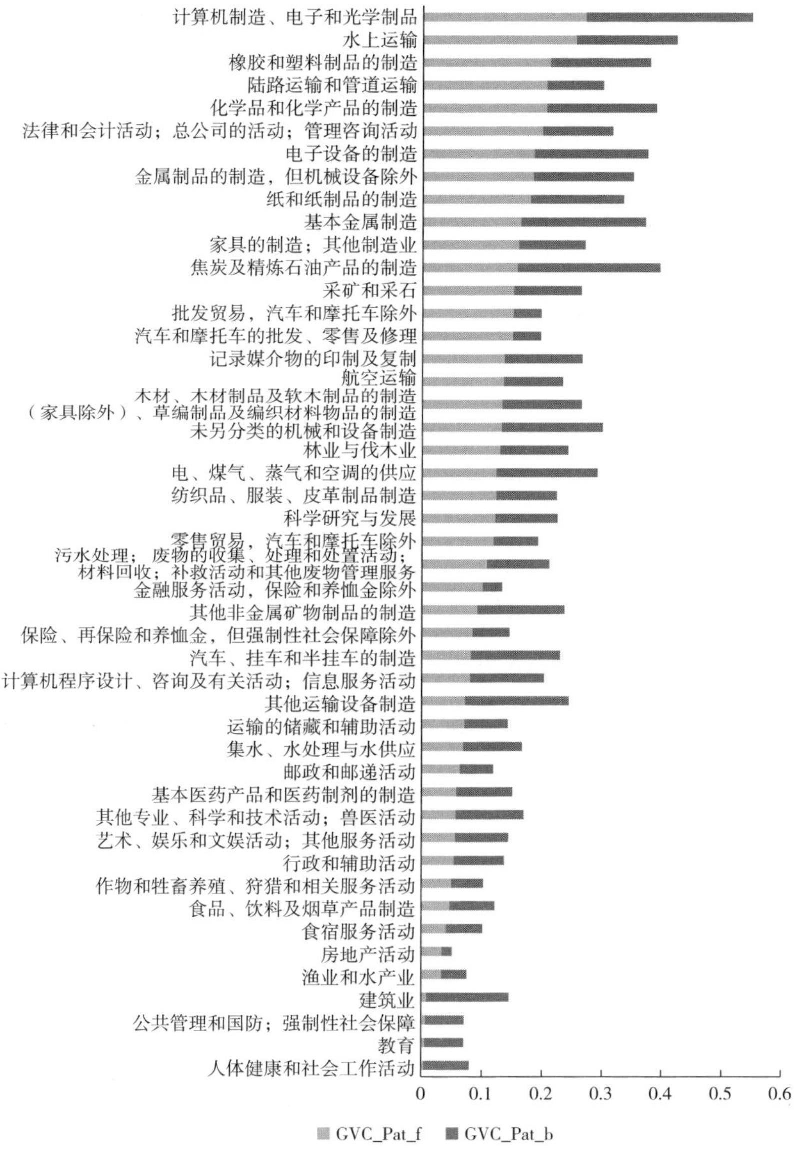

图 6 2014 年中国各产业全球价值链前向与后向参与指数

资料来源：WIOD 数据库的子数据库 UIBE。

摩托车除外)，GVC_Pat_b 分别是 0.0166、0.0319、0.0419、0.0471 和 0.0471，其全球价值链参与度分别为 2.0658、3.1506、0.7979、3.1692 和 3.1863。可以发现，全球价值链后向参与多集中在制造业，参与较少的是服务业和第一产业。制造业的后向参与较为平均，有高技术行业计算机制造、电子和光学制品以及电子设备的制造等，也有传统制造业焦炭及精炼石油产品的制造，说明我国在后向参与全球价值链需要继续升级。在服务业部分，我国后向参与全球价值链仍是短板。不论是传统服务业还是新兴服务业，后向参与度均不高，影响我国整体的产业链现代化水平提升。

（三）全球价值链参与

全球价值链参与指数 GVC_Pat（Global Value Chain Participation）是一国的全球价值链前向参与指数与后向参与指数的比值。一国 GVC_Pat 指数越大，说明该国越倾向于前向参与全球价值链。如图 7 所示，选取全球价值链参与度较高的金融服务活动产业分析，可以发现该产业前向参与度在稳定上升，但在 2008 年之后有一定程度下滑。而后向参与度先上升，但在 2005 年后不断下降。前向参与水平一直高于后向参与水平，表明我国更多的是产品输出。全球价值链参与度先下降后上升，在 2007 年之后较为平稳。加入 WTO 之后参与度下降，主要源于更多的资源集中于

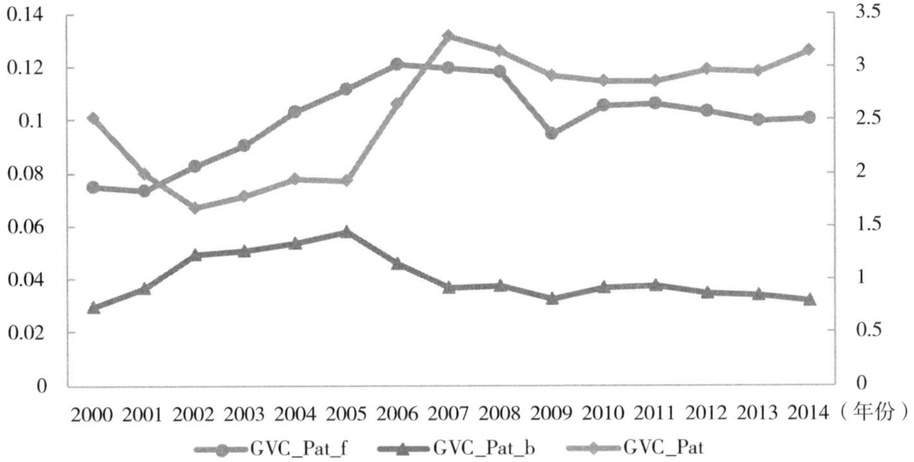

图 7　2000 ~ 2014 年中国金融服务活动全球价值链参与指数

资料来源：WIOD 数据库的子数据库 UIBE。

制造业加工贸易，而金融服务业的资源紧张。2008 年的全球金融危机对该产业的前向参与全球价值链带来严重的影响，以至于进入不断下滑阶段，影响全球价值链整体参与水平。虽然外部环境对全球价值链分工带来很大的影响，但可以看到我国前向和后向参与全球价值链以及参与度均上升了一个层次，所以还是要坚定全球价值链的外贸方式。

因此，随着我国经济和贸易的快速发展，全球价值链参与度增长较快，已经具有较大规模。但在前沿科技产业如信息技术、现代服务业，与美国等发达国家还存在一定的差距。就参与方式而言，前向参与相比后向参与增长更快，这与我国是制造业出口大国相符合。我国的参与度很容易受到外部大环境的干扰，这与我国主要是嵌入全球价值链而非引领全球价值链有关。随着我国制造业嵌入全球价值链程度加深，可以自发地创建新价值链，保证产业链和价值链的稳定发展。我国的服务业发展较为滞后，前后向嵌入程度均有限，需要加大对服务业的发展，尤其是高技能劳动力和技术等要素培育。如党的十九大报告中指出，要支持传统产业优化升级，加快发展现代服务业，瞄准国际标准提高水平。促进我国产业迈向全球价值链中高端，培育若干世界级先进制造业集群。

四、我国国内价值链参与地位

“入世”以来，中国制造部门全球价值链位置呈现“先抑后扬”的发展态势，国内价值链分工和资源整合是推动中国制造部门全球价值链升级的重要因素。国家内部价值链分工体系已经初具规模，域内生产链条在不断延长，分工联系的复杂度也在不断提升，尤其是 2008 年全球金融危机以后，外部市场的不确定性增强了域内的分工联系。通过建立我国本土企业控制的国内价值链，带动关联产业发展，是实现区域经济协调发展，最终完成产业升级的重要途径和对策之一。因此，我们要深入分析国内价值链构建情况，尤其是前向和后向价值链参与深度与广度。

（一）国内价值链前向生产长度

借鉴 Wang et al.（2017a）构造全球价值链参与地位指数以及黎峰（2020）[①] 构造的国内价值链参与地位指数，并且使用黎峰（2020）计算的中国各省级区域电子光学及仪器仪表行业的指标进行分析。如图 4–8 所示，国内价值链前向长度靠前的省级区域为江西、湖南、重庆、四川和贵州，分别为 0.243、0.191、0.179、0.139 和 0.129，排名较靠后的省级区域为广东、云南、山西、山东、青海，分别为 0.015、0.013、0.007、0.005、0.001。这说明国内内陆区域参与国内价值链前向生产较多，生产复杂程度较高，而沿海地区较少，主要是源于嵌入价值链程度不同，内陆区域嵌入国内价值链更多，技术生产更加完备。而全球价值链前向长度排名靠前的省级区域为青海、吉林、海南、山西和云南，分别为 0.404、0.378、0.34、0.323、0.318，排名较靠后的省级区域为北京、上海、湖南、安徽和山东，分别为 0.052、0.05、0.043、0.041、0.03。这说明全球价值链前向嵌入生产复杂度较成熟的为一些资源密集型的城市，而外向型经济发展起来的城市因加工制造前向嵌入复杂度不高。

（二）国内价值链后向生产长度

如图 8 所示，国内价值链后向长度靠前的省级区域为广东、江苏、上海、山东和青海，分别为 0.157、0.103、0.102、0.07 和 0.064，排名较靠后的省级区域为辽宁、新疆、福建、四川、湖南，分别为 0.002、

---

① 黎峰 . 双重价值链嵌入下的中国省级区域角色——一个综合理论分析框架 [J]. 中国工业经济 ,2020（01）：136–154.

0.001、0.001、0.001 和 0.001[①]。而全球价值链后向长度排名靠前的省级区域为广东、上海、北京、山东和浙江，分别为 0.232、0.122、0.114、0.105 和 0.105，排名较靠后的省级区域为河南、青海、甘肃、四川和湖北，分别为 0.003、0.002、0.002、0.002 和 0.001。可以发现在国内价值链后向生产长度，沿海城市均排名靠前，而内陆城市较为靠后，说明我国的沿海城市的技术着力点在于价值链的后向生产。

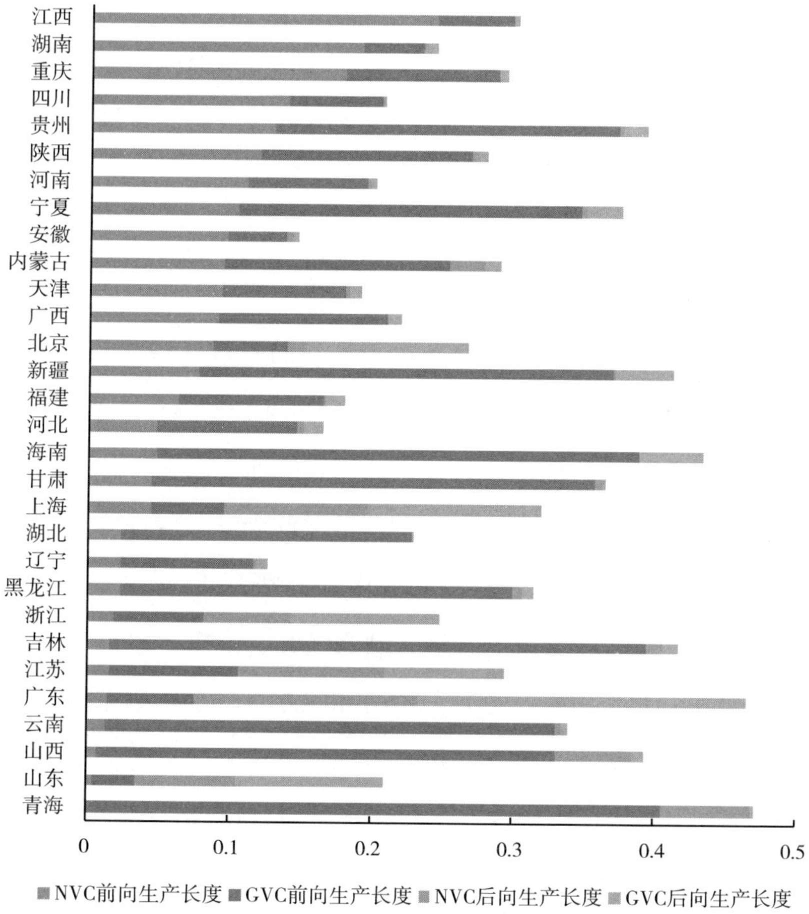

图 8 2010 年中国电子光学及仪器仪表行业国内价值链和全球价值链前后向生产长度

资料来源：黎峰（2020）计算的中国各省级区域电子光学及仪器仪表行业的指标。

---

① 海南、湖北、广西、重庆和江西的后向生产长度为 0，主要可能因为数据的原因。

五、我国国内价值链参与度

沿海地区在双重价值链中更多扮演“加工制造者”角色，内陆地区则更多扮演“原材料、初级产品供给者”角色。中国国内各省份参与价值链分工存在两大类主要链条。一是出口拉动的沿海及其周边省份为主出口全球价值链，其中以珠三角、长三角为主要参与者；二是投资驱动的北方省份为主的重化工业国内价值链，其中以东北、华北和西北的部分省份为主要参与者。我们借鉴 Wang et al.(2017b)①的思路构建省级区域部门层面的国内价值链嵌入度与全球价值链嵌入度指标，具体了解各省级区域的参与国内价值链广度。

（一）国内价值链前向参与

如图 9 所示，国内价值链前向参与靠前的省级区域为吉林、青海、黑龙江、云南和甘肃，分别为 4.505、4.449、4.172、4.161 和 4.147，排名较靠后的省级区域为福建、天津、浙江、江苏、山东，分别为 2.492、2.491、2.428、2.384 和 2.368。而全球价值链前向参与度排名靠前的省级区域为青海、甘肃、海南、新疆和云南，分别为 4.586、3.891、3.748、3.733 和 3.696，排名较靠后的省级区域为江苏、山东、北京、天津和浙江，分别为 2.604、2.506、2.207、2.161 和 2.079。可以发现国内价值链和全球价值链的前向参与度多集中在青海、甘肃、云南等内陆城市，靠后的是江苏、山东等沿海城市，说明我国参与价值链多集中内陆地区，且内陆地区的价值链参与度更高，与其丰富的自然资源禀赋有关。

---

① Wang Z,Wei S.J. & Zhu K.f.Characterizing Global Value Chains: Production Length and Upstreamness [Z] .NBER Working PapeNo.23261,2017b:1– 23

（二）国内价值链后向参与

如图 9 所示，国内价值链后向参与靠前的省级区域为宁夏、陕西、江西、四川和新疆，分别为 3.972、3.469、3.187、3.17 和 3.018，排名较靠后的省级区域为青海、广东、上海、北京和山东，分别为 2.535、2.456、2.441、2.419 和 2.331。而全球价值链后向参与度排名靠前的省级区域为云南、青海、新疆、甘肃和山西，分别为 4.35、4.097、3.986、3.908

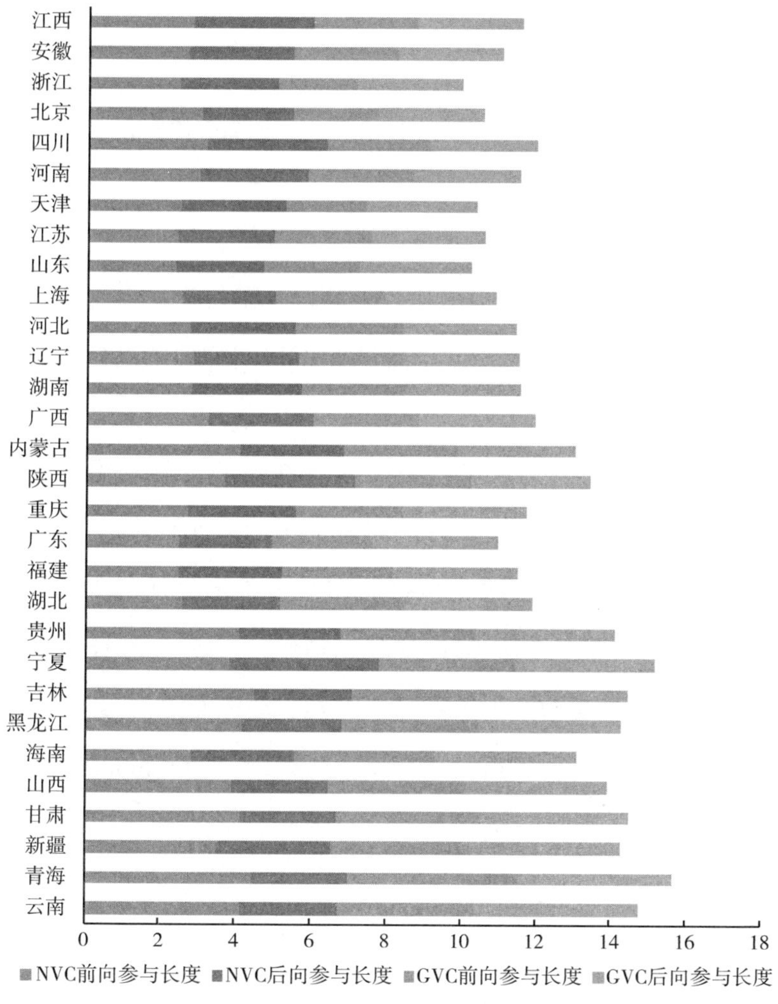

图 9 2010 年中国电子光学及仪器仪表行业国内价值链和全球价值链前后向参与程度

资料来源：黎峰（2020）计算后中国各省级区域电子光学及仪器仪表行业的指标。

和 3.814，排名较靠后的省级区域为四川、北京、浙江、安徽和江西，分别为 2.867、2.859、2.815、2.811 和 2.79。这说明在价值链后向参与过程中，国内和全球价值链均呈现内陆参与度较高，而沿海城市或产业集聚城市呈现较低的参与度。综合分析，产业枢纽城市虽然有较强的国内域外、国际价值链分工，但在价值链参与度仍不高，有较大的拓展空间，而具有更多资源禀赋的内陆城市，通过前向或后向的参与方式已经更多地嵌入了价值链。

六、我国增加值出口的产业结构分析

上文的价值链参与特征，缺乏产业结构分析，我们进一步分析全球价值链中增加值出口的产业结构和分工结构。单位出口增加值的分部门结构和国别分析，主要围绕“我国各产业出口增加值的高低”这一问题展开。

出口的国内增加值含量可以表征出口部门的贸易利得，通常加工贸易的增加值含量少于一般贸易。如表 1 所示，2018 年中国各货物生产部门 1000 美元，加工贸易出口排名靠前的是木材加工品和家具、交通运输设备、纺织品、其他制造产品、造纸印刷和文教体育用品，国内增加值含量分别是 650 美元、551 美元、539 美元、531 美元和 509 美元。一般贸易出口排名靠前的是纺织服装鞋帽皮革羽绒及其制品、食品和烟草、农林牧渔产品和服务、其他制造产品和纺织品，1000 美元中所含的国内增加值分别是 937 美元、935 美元、932 美元、927 美元和 924 美元。总出口所含的国内增加值排名靠前的产业是农林牧渔产品和服务、煤炭采选产品、纺织品、非金属矿物制品、燃气生产和供应，其数值分别为 932 美元、906 美元、893 美元、880 美元和 879

美元。可以发现，各产业出口的增加值含量中传统的劳动密集型产品的单位出口具有较高的增加值，而技术密集型产品单位出口的增加值含量相对较低，且对于所有部门一般贸易的增加值含量高于加工贸易。动态分析结合 2018 年商务部《全球价值链与中国贸易增加值核算研究报告》，中国加工贸易出口占比均在下降，加工贸易出口拉动的增加值普遍低于一般贸易出口和服务贸易出口，因此出口结构是影响单位出口增加值的重要因素，而随着加工贸易出口占比的下降，我国单位出口增加值逐渐提高。

表 1 2018 年中国分部门 1000 美元货物出口的国内增加值含量（美元）

序号	部门名称	加工贸易出口	一般贸易出口	总出口
1	农林牧渔产品和服务	—	932	932
2	煤炭采选产品	—	906	906
3	石油和天然气开采产品	—	840	840
4	金属矿采选产品	—	835	835
5	非金属矿和其他矿采选产品	—	872	872
6	食品和烟草	419	935	854
7	纺织品	539	924	893
8	纺织服装鞋帽皮革羽绒及其制品	354	937	872
9	木材加工品和家具	650	890	866
10	造纸印刷和文教体育用品	509	839	715
11	石油、炼焦产品和核燃料加工品	65	740	712
12	化学产品	424	830	744
13	非金属矿物制品	453	896	880
14	金属冶炼和压延加工品	298	772	722
15	金属制品	498	861	821
16	通用设备	398	831	724
17	专用设备	376	844	729
18	交通运输设备	551	833	732

续表

序号	部门名称	加工贸易出口	一般贸易出口	总出口
19	电气机械和器材	370	834	689
20	通信设备、计算机和其他电子设备	404	745	527
21	仪器仪表	269	800	600
22	其他制造产品	531	927	872
23	废品废料	—	864	864
24	电力、热力的生产和供应	—	857	857
25	燃气生产和供应	—	879	879

资料来源：2018 年商务部《全球价值链与中国贸易增加值核算研究报告》。考虑到金属制品、机械和设备修理服务与水的生产和供应无具体数据，删除这两个行业。

进一步借鉴 Wang et al.（2013）[①] 的研究，笔者从出口增加值计算了新比较优势，分析中国与其他国家的竞争力。如图 10 所示，中国（CHN）、印度尼西亚（IDN）和土耳其（TUR）在劳动密集型制造业具有产业优势，这三国都出口电力、服装、食品、纺织品、金属制品、运输设备等低技术劳动密集型产品。中国对八大贸易伙伴的出口中，仍是纺织服装、家具制造等传统劳动密集型制造业和农业类产品单位出口的增加值含量较高，而电子产品、机械制造类产品和化工产品单位出口增加值含量较低。分商品类别来看，中国传统的劳动密集型产品的单位出口具有较高的增加值，而技术密集型产品单位出口的增加值含量相对较低。而对于其他新兴经济体国家，作为较早承接制造业转移的韩国（KOR）在知识密集型制造业有产业优势，巴西（BRA）、印度（IND）、墨西哥（MEX）和俄罗斯（RUS）四个新兴经济体在初级产品和资源产品上具有产业优势。

① Wang, Z,Wei,S.J. & Zhu,K.f. Quantifying International Production Sharing at the Bilateral and Sector Level [Z].NBER Working Paper No.19677, 2013（11）:22-43

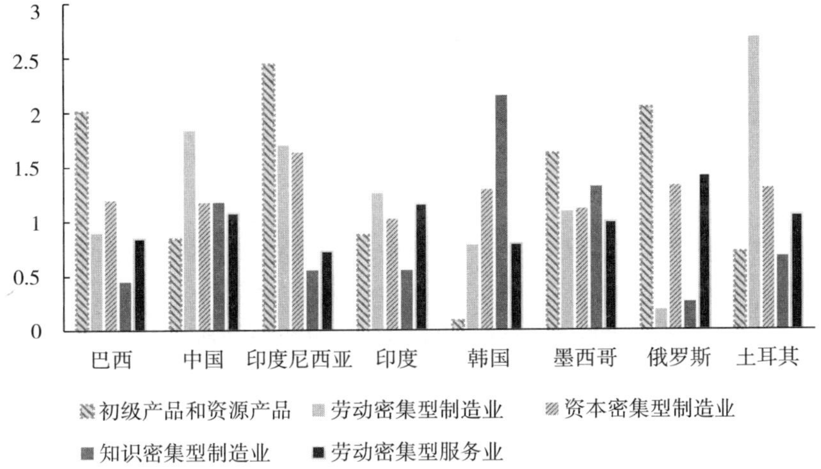

图 10 2014 年中国与其他新兴经济体国家的 NRCA 指数

资料来源：根据 UIBE GVC Index 数据库计算所得。

七、双重价值链视角下提升产业链现代化水平的建议

（一）提高创新链整体效能，提升国内前向价值链创新效率，促进产业基础高级化

创新链的整体效率，关系到价值链和产业链技术效率，以及产业基础技术的完善程度。因此，要不断提升创新链整体效能，推动基础技术的完善，减少短板，以退为进，推动产业链的技术综合水平不断提升。

加强基础研究，注重原始创新，优化学科布局和研发布局，推进学科交叉融合，完善共性基础技术供给体系。制定实施战略性科学计划和科学工程，推进科研院所、高校、企业科研力量优化配置和资源共享。布局建设综合性国家科学中心和区域性创新高地，支持北京、上海、粤港澳大湾区形成国际科技创新中心。构建国家科研论文和科技信息高端交流平台。扩大研发材料海关进出口绿色通道，放宽

进口优质二手试验设备限制，为有资质的外资研发中心加快研发材料提供进口流程。为了实现“十四五”规划中所提目标和要求，进一步加大相关投入的力度和精准度势在必行。在基础研究方面，政府不指导科学家的活动，只负责提供资金，而科学家们则决定研究的方向和深度。

（二）持续优化国际化营商环境，提升国内后向价值链产业长度，促进内地产业链现代化

2020 年 1 月 1 日，由国务院发布的《优化营商环境条例》正式实施，党中央、国务院高度重视深化“放管服”改革、优化营商环境。根据世界银行《2020 年营商环境报告》，在 190 个经济体中，我国营商便利度排名由 2018 年的第 46 位上升至第 31 位，营商便利度得分为 77.9 分，连续两年跻身全球营商环境改善最大的经济体排名前十位。营商环境的不断优化和国际化，可以提升外资的投资质量和效率，同时通过市场竞争激活国内企业的活力和竞争力，进一步提升后向价值链产业长度。

优化国际化营商环境，从优化价值链空间布局和生产网络结构两方面持续促进国内价值链重构，促进内地产业链现代化。主要从两方面优化国际化营商环境，第一，沿海地区生产成本上升引起产业在区域间转移，原有内陆为沿海地区提供中间投入品，沿海地区直接为全球价值链提供中间品或最终品出口的分工格局，进一步向广大中西部地区拓展。优化内陆地区营商环境将有助于吸引沿海外资企业从转移至国外变为转移至内陆地区。第二，随着自贸区和海南自由贸易港引领的我国全面开放新格局基本成形，中西部地区对沿海地区主导价值链的依赖性降低，转而依靠本地要素禀赋和产业结构带来的比较优势，培育并发展新的价值链分工形态。

（三）构筑互利共赢的产业链研发创新合作体系，提升国际前向价值链产业长度，促进产业链国际化

与传统的封闭式创新不同，开放式的自主创新需要企业融合外部思想、知识、技术、资源进行创新。自主创新是开放环境下的创新，是主动布局和积极利用国际创新资源，深化国际科技交流合作，在更高起点上推进自主创新。要提升自主创新能力，就必须善于获得、整合并利用全球创新资源，加强国际科技合作，才能尽快突破关键核心技术。

鼓励企业在海外建立研发中心，按照国际规则并购、合资、参股国外创新型企业和研发机构，提高海外知识产权运营能力。鼓励外资企业在华设立地区总部、研发中心、采购中心、财务管理中心等功能性机构，与国内高校、科研机构和企业联合开展技术研发和产业化推广，鼓励外资研发成果在国内使用和转让。鼓励外资投资战略性新兴产业、高技术产业、现代服务业。鼓励企业结合各自实际，建立健全研发机构，开展科技创新、商业模式创新、贸易业态创新，在全球产业分工中占据更加有利的地位。加强创新创业国际合作，推动科技资源双向流动，汇聚全球智力资源。

执笔人：寇宗来　郭广珍　张玉兰

专题四

推动数字技术创新应用
提升产业链现代化水平

产业链现代化水平是一个国家经济发展水平的重要体现，产业链现代化是一个现代化国家的基本特征。近年来，我国高度重视提升产业链现代化水平，并在一些重点领域和关键环节取得了明显成效。党的十九届五中全会进一步从巩固根基、锻造长板、补齐短板、优化环境、加强国际合作等方面，对提升产业链现代化水平提出了明确要求。未来一个时期，面对数字经济扑面而来的历史大势，需要高度重视和充分发挥数字技术创新应用在提升产业链现代化水平中的作用。

一、面向建设社会主义现代化国家新要求，我国产业链构建还存在一些突出问题和风险

我国产业链现代化水平建设近年来取得了明显成效，总体水平并不低。我国已连续10年保持世界第一制造大国地位，2019年制造业增加值占全球比重达28.1%[①]，接近美国、日本、德国三者之和；我国有133家企业进入2020年《财富》世界500强榜单，首次跃居世界首位；5G、

① 肖亚庆，“制造强国和网络强国建设扎实推进”，《人民日报》，2020年10月9日。

轨道交通、新能源汽车、高端机床装备、新材料等重要产业领域取得关键技术突破，科技自立自强能力明显提升；大数据、云计算、物联网、人工智能、区块链等新技术蓬勃发展并广泛赋能多个行业，数字经济发展在全球处于相对领先地位，截至2020年6月，制造业重点领域企业关键工序数控化率和数字化研发设计工具普及率分别达到51.1%和71.5%；我国建成了全球规模最大的光纤网络和4G网络，光纤用户和4G用户占比分别达93.4%和80%，均远高于世界平均水平，5G商用正式启动，目前建成5G基站超过50万个，5G终端连接数超过1亿①。

与此同时，产业链现代化水平提升又是永无止境的。在产业链高度全球化的时代，对产业链现代化水平的认识，既要立足国家间的比较分析，也要立足支撑国家中长期高质量发展的迫切需要。从这个角度出发，我国产业链的构建仍然存在一些突出问题和风险。

（一）制造业增速明显放缓，实体经济发展根基存在风险隐患

实体经济是大国的立身之本，制造业又是实体经济的主体和根基。改革开放以后，我国抓住国际产业转移的良好机遇，充分发挥劳动力等要素成本低的显著优势，推动制造业高速发展壮大，建成了全世界最为完备的工业体系和上中下游产业链。这个强大完备的产业体系，既是我国制造业国际竞争力的重要来源，也是有效应对重大突发事件的强大武器。一方面，分行业国际比较看，以纺织服装为代表的传统制造业，光伏、风电为代表的新能源装备产业，钢铁、稀土为代表的原材料工业，我国都已具备了全产业链优势和很强的国际竞争力。另一方面，面对新冠肺炎疫情带来的巨大冲击，我国能在短时间内大幅

① 肖亚庆，“制造强国和网络强国建设扎实推进”，《人民日报》，2020年10月9日。

提升医疗物资生产能力，在保障自身供应的同时出口全球，完备的工业体系是重要的物质保证。

近年来，随着国内外发展条件和环境的深刻复杂变化，我国制造业增速明显放缓。在这种情况下，制造业占 GDP 比重也在震荡下降，从 2006 年的高点 32.5% 下降到 2019 年的 27.2%，特别是近几年下降速度较快。对这个问题，需要全面辩证看待。一方面，有我国主动推进产业转型升级的因素。随着我国土地、劳动力等要素成本的持续上涨以及资源环境约束趋紧，劳动密集型产业特别是劳动密集型工序、环节在国内发展已不再具有成本优势，这类制造业出现萎缩是必然的。这种趋势符合经济发展的一般规律。另一方面，受中美经贸摩擦、发达国家大力推动制造业回流、一些后发国家加速开启工业化进程等外部环境变化的影响，我国制造业企业外迁数量明显增多。其中，尤其需要警惕两种现象：一是受经贸环境剧烈变化影响，为规避相关风险而导致的向外转移。寻求更低综合成本的成本导向型向外转移和主动优化全球化布局的市场拓展型向外转移，相比而言是正常的。二是产业链高端环节外迁和全产业链外迁。如果这两种现象集中快速出现，我国产业链的完备性和转型升级基础都会受到影响。对此，必须给予高度关注和系统应对。

（二）关键核心技术、装备、软件“卡脖子”问题依然突出，对提升附加值和保障安全性造成明显制约

“卡脖子”问题实际上一直存在，但随着我国产业整体上向中高端迈进和国家间竞争的加剧，这个问题的严重性日益凸显。关于“卡脖子”问题的研究有不少，《科技日报》2018 年年中的系列报道是其中比较有代表性的。据其梳理，当前我国至少在光刻机、芯片、操作系统、航空发动机短舱、触觉传感器等 35 项关键核心材料、技术、零部件、软件系

统上遭遇“卡脖子”问题（见表 1）。

表 1　《科技日报》“卡脖子”领域系列报道内容

序号	内容	序号	内容	序号	内容
1	光刻机	2	芯片	3	操作系统
4	航空发动机短舱	5	触觉传感器	6	真空蒸馏机
7	手机射频器件	8	iCLIP 技术	9	重型燃气轮机
10	激光雷达	11	适航标准	12	高端电容电阻
13	核心工业软件	14	ITO 靶材	15	核心算法
16	航空钢材	17	铣刀	18	高端轴承钢
19	高压柱塞泵	20	航空设计软件	21	光刻胶
22	高压共轨系统	23	投射式电镜	24	掘进机主轴承
25	微球	26	水下连接器	27	燃料电池关键材料
28	高端焊接电源	29	锂电池隔膜	30	医学影像设备元器件
31	超精密抛光工艺	32	环氧树脂	33	高强度不锈钢
34	数据库管理系统	35	扫描电镜		

资料来源：笔者整理。

据工业和信息化部介绍，对全国 30 多家大型企业 130 多种关键基础材料调研结果显示，32% 的关键材料在中国仍为空白，52% 依赖进口，70% 以上智能终端处理器以及绝大多数存储芯片依赖进口；在装备制造领域，高档数控机床、高档装备仪器、运载火箭、大飞机、航空发动机、汽车等关键件精加工生产线上逾 95% 制造及检测设备依赖进口。[①] 总体上，我国不少重要产业“缺芯”“少核”“弱基”的情况依然没有得到根本性改观。这会影响产业附加值的提高。一个经常出现的例证是，一旦国内在某些关键核心领域实现技术突破和产业化应用，向国外企业采购相关产品的

① 资料来源：http://news.sina.com.cn/c/2018-07-15/doc-ihfkffak0526628.shtml。

价格就会出现大幅下降。与此同时，在国外环境发生深刻复杂变化的大背景下，“卡脖子”问题不解决，有效保障产业链安全、经济安全乃至国家安全都面临着巨大挑战。

（三）制造业发展环境有待优化，高标准市场体系建设仍在路上

发展环境是一系列因素的统称，发展环境好不好对制造业高质量发展起着决定性作用，自然也对产业链现代化建设起着决定性作用。近年来，我国下大力气推动优化制造业发展环境，并取得了明显成效。以世界银行的营商环境排名指标看，我国曾长期徘徊在70名开外，近两年来实现了大幅攀升，在《2020年营商环境报告》中排名第31位。

与此同时，面向加快构建新发展格局的要求，竞争政策的基础性地位仍有待进一步确立，反垄断和反不正当竞争执法司法仍有待加强，产权保护力度还需加强，不同所有制和不同规模企业公平准入、规范竞争的市场秩序仍不健全，企业家精神的充分发挥还有较大提升空间；国内统一大市场建设还不够完善，因地方保护主义做法、标准不兼容不统一等导致的市场分割现象依然不同程度地存在；由于行业报酬失衡等原因导致“脱实向虚”问题比较突出，金融、房地产与实体经济特别是制造业之间的发展不均衡；劳动力等要素在不同区域间的自由流动仍然存在不少障碍，土地市场和金融市场改革有待深化，数据资源的互联互通和有效利用也面临不少“堵点”“难点”难题，创新平台等科技创新资源的开放共享还不到位，市场力量高效整合各类要素资源的能力受到限制。归根结底，我国有为政府和有效市场的建设和配合仍有待加强，高标准市场体系建设仍在路上，这些都制约着制造业的高质量发展以及产业链现代化水平的提升。

二、推动数字技术创新应用对提升产业链现代化水平意义重大

新一轮科技革命和产业变革是引发世界百年未有之大变局的关键变量，数字技术则是推动新一轮科技革命和产业变革发展的关键动力源。提升产业链现代化水平是一个长期系统工程，推动数字技术的创新应用是一个极为重要的方面。

（一）数字经济时代加速到来将对产业链现代化的内涵产生重大影响

产业链是指产业内部及各个产业部门之间，基于一定的技术经济逻辑演化形成的链网状关联关系、时空布局和分工形态。产业链依附于产业，产业又随技术经济范式变化而变化。在数字经济时代，产业链现代化的内涵比之前会有明显改变。

历次科技革命和工业革命都会对产业链现代化的内涵产生重大影响。产业链现代化的内涵是一个动态演进的概念。随着新技术的创新发展应用，新的产业会不断出现并成长壮大，原有产业有些会重焕生机，有些则会不断衰退甚至消亡。在产业拓展扩容过程中，产业链现代化更多指向要在那些技术更为先进、发展前景广阔的新兴产业中占据一席之地。与此同时，随着相关技术的变化、国际经贸环境的变化特别是国家间比较优势的变化，很多产业在不同国家和地区的分布形态会发生改变。在产业布局调整中，产业链现代化更多指向要增强在中高端环节的国际竞争力和本土根植性。自 18 世纪中叶英国工业革命以来，在历次技术革命和工业革命中，产业的内涵及布局都会持续发生重大变化，产业链现代化的基本指向变化不大但具体指向是在持续发生变化。

数字经济时代正在加速到来。近年来，数字技术在全球范围内都呈

现快速发展态势，并推动了整个经济社会的数字化转型。根据中国信息通信研究院发布的《中国数字经济发展白皮书（2020 年）》，我国数字经济持续呈现高速发展态势，并成为支撑经济社会高质量发展的关键动力。2005 ~ 2019 年间，我国数字经济增加值由 2.6 万亿元高速增长到 35.8 万亿元，年均复合增长率达到 20.6%，比同期 GDP 复合增长率高 8 个百分点，数字经济占 GDP 比重也从 14.2% 提升到 36.2%。特别是新冠肺炎疫情发生以来，电子政务、数字娱乐、在线办公、在线学习、在线医疗等新业态新模式加速发展，我国数字经济领域已在全球呈现并跑甚至领跑之势，有望在数字经济新时代中实现“换道超车”。

数字经济时代背景下的全球产业链形态会发生重大调整重构。以大数据、云计算、人工智能等为代表的数字技术极大地提升了人类社会采集、分析、应用数据信息的能力，拓展了人与人、人与物、物与物之间连接的范围和深度，将对全球产业链产生两方面重大影响。一方面，产业链参与主体将会发生显著改变。在数字经济时代，产业链分工前端的包容性将会提高。比如，在产品设计环节，由于数字化工具的应用，设计方案进展可以实时在各地传输，全球 24 小时不间断研发成为可能，这就让更多的研发主体和研发人员参与其中。再如，在生产制造环节，由于能够通过工厂、设备之间更广泛的智能互联来解决“信息孤岛”、质量监控等问题，再加上中间品贸易便利性的提高，跨国企业能够进一步充分利用各地的生产要素禀赋，这也同时给予了更多新兴经济体融入全球产业分工体系的机会。[①] 与此同时，终端生产与消费之间的环节很可能被压缩。消费者与终端生产之间的联系将从以前的割裂状态转变为紧密联系状态，甚至会出现一

① 宋紫峰，“未来全球产业分工格局变化及其对中国的影响”，载于：国务院发展研究中心课题组:《百年大变局——国际经济格局新变化》，中国发展出版社，2018 年 12 月。

批集生产与消费于一体的产消者群体。另一方面，产业链价值分布将会发生显著改变。产业链价值增值部分将逐渐向两个方向集中：一是在数据要素和以 R&D 为代表的无形资本投入上更有比较优势的国家和企业；二是通过与广泛主体深度互联形成新生态的，具有“赢者通吃”特征的平台型大企业。

（二）夯实“数字产业化”基础是提升产业链现代化水平的重要基石

数字产业化本身就是一批关键新兴产业链形成发展的过程，也是推动产业数字化发展及提升产业链水平的基础和前提。在新一轮科技革命和产业变革大背景下，没有数字产业化的基础，产业数字化及产业链现代化水平的提升就是无源之水，根基会严重不牢。

数字产业化是一批关键新兴产业链的构建过程。从技术革命和工业革命史的一般性规律看，首先要出现可普遍且廉价获取的关键要素，然后这些关键要素投入会带动个别关键通用技术实现高速发展，其次通用技术成熟后会再向广泛行业拓展，进而形成新的技术经济范式并实现整个经济社会的变革发展。基于这个认识，数字产业化的核心内涵就是数字经济时代关键要素投入和通用技术的产业化发展，具体而言就是各类信息技术、数字技术的产业化发展。

夯实数字产业化基础有利于补足产业链短板、锻造产业链长板。根据中国信通院发布的《中国数字经济发展白皮书（2020 年）》，电信业、电子信息制造业、软件和信息技术服务业、互联网和相关服务业这四类可以归结为数字产业化过程，数字产业化包括但不限于 5G、集成电路、软件、人工智能、大数据、云计算、区块链等技术、产品及服务。结合上文分析，从这个范围界定可以很清晰地看出，集成电路、软件等是我国多条重要产业链共同存在的关键短板环节，其大量进口不仅制约着我国产业向全球价值链中高端持续迈进，还会在全球化发展逆风逆水增多的大背景下或者出现重大自然灾害等极端情况下威胁我国产业链安全以及经济安全。与此同时，5G、人工智能等数字技术都是世所公认的战略性新兴产业，也是当前国家间竞争的焦点领域。我国在5G发展中已经处于全球第一梯队，在人工智能、大数据、云计算、区块链等的发展中与世界领先水平差距相对较小，还有人力资源丰富、应用场景丰富等显著优势。如果能够加速推进数字产业化进程，在这些新兴领域锻造成型一批产业链长板，就能在未来国际合作和竞争中形成新优势。

总体来看，我国数字产业化推进顺利。近年来，数字产业化基本上保持了10%以上的年平均增速，2019年数字产业化增加值达到7.1万亿元，同比增长11.1%，占GDP比重达到7.2%。[①] 在规模实现快速扩张的同时，工业软件、云服务等发展速度更快，内部结构持续优化。不可否认的是，相比美国等少数发达国家，我国数字产业化起步总体较晚、顶尖团队不多、核心能力偏弱、龙头跨国企业较少，再加上国际经贸环境的深刻复杂变化，抓住新一轮科技革命和产业变革历史性机遇还面临不少挑战。

（三）加速“产业数字化”拓展是提升产业链现代化水平的关键任务

产业数字化是数字技术在各个行业的广泛和深度应用过程，是数字经济的主阵地。加快推动产业数字化，不仅有利于提升其他重要行业的价值增值水平及产业链现代化水平，同时还有利于进一步促进数字产业化的发展，从而形成数字产业化和产业数字化两者之间更高水平的互动。

产业数字化是广泛领域产业链改造提升的过程。基于技术革命和科

① 中国信通院，《中国数字经济发展白皮书（2020年）》，2020年7月。

技革命史的角度，产业数字化就是数字技术等通用技术向更广泛行业扩散应用并带来行业效率提升、面貌改观的过程。在数字经济时代，产业数字化的进程特别是数字化赋能的多少和快慢，正成为评价被赋能行业产业链现代化水平高低的重要标志。

先以农业数字化为例。数字技术与农业科学、生物技术等的跨学科融合，能够实现对生产全过程、全环节的精准控制、监测和预测，使得农业不再是“看天吃饭”，并大幅提升农业的劳动生产率和国际竞争力。据预测，2020 年全球数字农业市场规模约 268 亿美元，分国别看，美国居首位约占 31%；分领域看，以精准农业、精准牲畜饲养、收成检测、农业无人机为主，合计约占 55%。①

数字技术应用加快推动农业现代化进程

2017 年全美国 205 多万个农场中，接入互联网的占比 73%，通过互联网购买农业投入、进行农业营销活动的占比分别为 23%、18%；2019 年英国 100% 的农民拥有手机，所有英国农场都有电脑，其中 99% 能上网，超过 50% 的农民通过互联网获得收益。日本大力推进基础设施建设，截至 2019 年其农村计算机网络化普及率达到 91.4%。

全球以数字技术为代表的智慧农业呈现较快发展态势，英国、日本、挪威、美国、澳大利亚、韩国相继在大田、设施、渔业等领域构建了无人农场，实现了农场的高效运转，大大提高了农业生产率和资源利用率。

大数据技术不断向现代农业深度渗透。美国采用大数据和互联网方法提升农业生产的效率和效益，应用移动互联网在农场投入产出预

① 农业农村信息化专家咨询委员会，《中国数字乡村发展报告（2020 年）》。

测、预测收成、盈利预估和库存管理等方面，大大提高了农场的科学化管理水平。比如，伊利诺伊州农场主用移动设备管理农场，2个人可以经营1300英亩（约7900亩）田地。德国以高机械化水平结合工业4.0理念助力传统农业数字化转型。德国农业经营模式以中小型家庭农场为主，由于农业生产率和科学技术水平的提高，为扩大规模优势，农场被不断合并。德国农民联合会的统计数据显示，目前一个德国农民可以养活144个人，而在1980年这个数字仅为其1/3。

资料来源：农业农村信息化专家咨询委员会,《中国数字乡村发展报告（2020年）》。

再以工业数字化为例。工业互联网是工业数字化最典型的代表。借助工业互联网，海量的各类资源、设备能够实现实时互联和高效协同，并实现全局效率的提升。尽管工业互联网仍在发展的早中期阶段，但已有很多典型案例。比如，德国西门子与弗劳恩霍夫研究院、大众汽车集团合作，采用“数字孪生”的理念，利用产品生命周期管理软件（PLM）开展虚拟生产规划，能够将生产线上的能耗降低50%。考虑到能源成本也是工业生产成本的重要方面，这种改进对提升企业产品竞争力有很大帮助。再如，福田汽车公司通过建设和应用协同设计平台系统，使得专业设计参考更加统一、设计状态更为同步，最终使设计效率提高20%左右，大大缩短了产品研发周期，从而能够更好更快地回应消费者需求。

最后以服务业数字化为例。相比工业数字化，服务业数字化的应用场景更为丰富，门槛也相对较低。近年来，网络购物、电子支付、网约车等已经深度融入了日常生活。新冠肺炎疫情发生以来，电子政务、数字娱乐、在线办公、在线学习、在线医疗、无人配送等新业态新模式加速发展。服务业数字化，极大改变了传统服务业模式难以跨越时空界限的特征，在更大范围内优化了供给与需求的匹配，节约了供需双方的成本，提高了效率，同时也让更多的消费者得到了高品质服务。

推动产业数字化发展有利于巩固实体经济根基并全面提升价值增值水平。受到国内外环境和条件变化的影响，我国完备的工业体系、强大的实体经济根基受到冲击，是当前提升产业链现代化水平面临的重大风险挑战。从世界经济发展史看，随着经济社会的持续发展，大国普遍会出现类似的风险挑战，这是比较优势转换的经济规律所决定的。从各国应对类似挑战的经验教训看，中低端产业向外转移是不可避免的，但能否抓住新技术革命契机推动产业链向中高端环节跃升并在新兴产业中形成新优势，才是维持和巩固国际竞争力的关键所在。对我国而言，加快推动产业数字化，不仅有利于抵消土地、劳动力等要素成本快速上涨带来的负面影响，进而巩固实体经济发展根基，还有利于在新兴产业竞争中谋求新的优势，在全球新兴产业价值链构建过程中占据中高端环节。

近年来，我国产业数字化已取得明显成效。2019 年我国产业数字化增加值达到 28.8 万亿元，同比增长 11.1%，占 GDP 比重达到 29%，服务业、工业、农业数字经济渗透率分别达到 37.8%、19.5% 和 8.2%。[①] 一批以产业数字化为主要特征和核心竞争力的新兴头部企业快速成长，并具备了相对较强的国际竞争力。毫无疑问，数字经济时代的新技术新产品新模式仍在持续涌现，标准制定处在多方博弈之中，全球范围内关于产业数字化的竞争日趋激烈，新的竞争格局仍在重构之中。

---

① 中国信通院，《中国数字经济发展白皮书（2020 年）》，2020 年 7 月。

三、政策建议

数字经济加速发展是时代大势。适应并引领全球数字化转型进程，将在很大程度上决定着一个国家在世界经济新版图中的位势。对提升产业链现代化水平而言，数字技术的创新应用发挥着十分重要甚至无可比拟的作用。

（一）尽快实现数字技术迭代创新突破

这是推动数字产业化的关键所在，也是提升产业链现代化水平的重要基石。

持续强化企业创新主体地位。企业是否拥有创新主体地位决定着一个经济体的创新能力。提高企业在国家创新政策决策制定过程中的参与度，支持有能力、有条件的企业牵头承担国家重大科技项目，使企业成为整合创新全过程、全链条的核心主体。综合运用加大研发费用加计扣除力度，对企业基础研究投入给予税收优惠，健全以创新能力、质量、实效、贡献为导向的科技人才评价体系，开发与科技创新和产业发展不同阶段需要相适配的金融产品等政策手段，强化对企业创新的全方位和全过程支持，推动成长起一大批创新型领军企业、“专精特新”隐形冠军企业和科技型中小微企业。

在底层架构等关键数字技术领域尽快实现重大突破。要依托集中力量办大事的制度优势，协同我国市场规模巨大、人力资源丰富、应用场景丰富、配套体系完备的经济优势，坚持政府引导与市场机制相结合，实施好“揭榜挂帅”等制度，推动项目、平台、人才、资金一体化配置和使用，同步部署创新链、产业链、资金链和政策链，探索出社会主义市场经济条件下关键核心技术攻关新型举国体制的有效实现路径，尽快在关键领域形成自主可控、安全可靠的技术体系。

为各类企业发展营造更好环境。只有在市场竞争的优胜劣汰中，持续的技术创新包括数字技术创新才能真正实现，也才能真正把超大规模国内市场优势转化为技术优势和产业优势。要健全市场体系基础制度，坚持平等准入、公正监管、开放有序、诚信守法，形成高效规范、公平竞争的国内统一市场。进一步确立竞争政策的基础性地位，健全公平竞争审查机制，顺应数字经济时代发展需要强化反垄断和反不正当竞争执法司法，切实打破行政垄断，严肃查处滥用市场支配地位行为。实施好民法典和相关法律法规，依法平等保护国有、民营、外资等各种所有制企业产权和自主经营权，依法保护企业家合法权益。

（二）大力推动广泛领域的数字化改造

这是推动产业数字化的主要路径，也是提升产业链现代化水平的重要任务。

加快传统产业数字化步伐。抓住新冠肺炎疫情后数字经济加快发展的良好契机，推动数字经济与实体经济发展更好结合起来。把乡村振兴与农业数字化统筹起来，推广先进适用数字技术在农业生产、经营、管理、服务等各个环节的应用；把提升产业链现代化水平与制造业数字化统筹起来，多措并举实施制造业技术改造智能升级，引导跨行业企业协同推动工业装备及网络的数字化改造升级。注重发挥行业协会等组织的作用，支持其更好搭建交流平台、发布行业信息、推介先进经验。

系统推进新型基础设施建设。在新冠肺炎疫情后各国债务约束趋紧的情况下，能否快速推进新型基础设施建设将成为引领数字经济时代的关键之一。系统谋划 5G、卫星导航、工业互联网、大数据中心、科技基础设施等新型基础设施的全国布局，把新型基础设施建设与现有生产力布局有机结合起来，降低建设运营成本，提高使用效率。加强数字政务、数字民生、数字社会建设，以公共性需求为牵引拉动新型基础设施建设。加快对传统基础设施的数字化改造，加大自然垄断行业竞争性环节的市场准入改革力度，引导社会资本积极参与，共同打造更加数字化、智能化的城市基础设施体系。

（三）持续构建更高水平的数字生态环境

通过数字技术创新应用来提升产业链现代化水平，最终要形成一个具有国际竞争力的数字生态环境。

持续提高数据资源供给水平。数据是新型生产要素甚至是数字经济时代最重要的生产要素。缺少高水平的数据资源供给，数字经济发展就是无源之水。要健全分级分类政府信息公开制度，扩大基础公共信息数据有序开放，大力破除部门间数据壁垒，建设国家数据统一共享开放平台，让海量“沉睡的数据”能够为社会和企业便捷、低成本地使用，真正发挥出数据价值。加快建设数据资源产权、交易流通、跨境传输和安全保护等基础制度和标准规范，推动数据资源更有效开发利用。

切实提升数字经济治理水平。数字经济治理是国家治理体系的重要方面，也是推动数字经济健康发展的基础保障。要加快形成政府规制、企业自治、社会共治的协同治理框架。政府要切实做好包容审慎监管，减少不合理、不必要的事前管理，同时加强事中事后管理，尤其是对个人数据隐私保护、算法公平性等突出问题加强监管。企业特别是平台型大企业要在服务实体经济、维护公平竞争、加强信息保护、保障弱势群体利益等方面切实担负起自身责任。整个社会要不断提高数字素质，形成新的人力资本积累。

执笔人：宋紫峰

专题五

打造绿色低碳供应链
提升产业链现代化水平

绿色低碳是体现产业链现代化水平和国际竞争力的重要标志，以“碳”为核心指标的绿色壁垒正在许多国家出现。目前，我国仍处于绿色供应链的探索和实践阶段，工作重心以环保合规和提高能效为主。全球积极应对气候变化及中国2060年碳中和目标新形势下，拓展延伸推行绿色低碳供应链管理，全面促进产业链绿色低碳及现代化水平的整体提升势在必行。针对政策机制仍待完善、市场化模式仍待形成、企业自发动力仍待激发、“碳”考量仍待强化等短板，打造绿色低碳供应链，应坚持政府引导、企业主导、消费者促进，坚实两个保障，即“顶层设计”和“配套机制”，聚力产业高质量发展，培育“两大市场”，启动“四大行动”，着力打造具有中国特色和新优势的绿色低碳现代化供应链和产业链。

踏入全面建设社会主义现代化国家和碳中和发展新征程，绿色低碳是建设生态文明和美丽中国以及实现碳中和目标的客观要求，更是产业链现代化的必备要素。就当前产业基础不强、产业链现代化水平不高等问题，着力依托市场化机制，以“打造绿色低碳供应链”为抓手，构建绿色低碳产业链体系，是提升产业基础能力和产业链现代化水平、打好攻坚战的必由之路。

一、打造绿色低碳供应链是提升产业链现代化水平的重要选择和发力方向

（一）什么是绿色低碳供应链

绿色低碳供应链本质上属于绿色供应链范畴，是应对气候变化、践行低碳发展背景下在绿色供应链基础上的拓展和延伸。绿色供应链概念最初由密歇根州立大学的制造研究协会于1996年提出，基于对环境的影响，从资源优化利用的角度，来考虑制造业供应链发展问题，认为绿色供应链是环境意识、资源能源的有效利用和供应链各个环节的交叉融合，其目的是使资源利用效率最高，对环境影响最小和系统效益最优。《绿色制造—制造企业绿色供应链管理导则》（GB/T 33635—2017）对绿色供应链的定义是，将环境保护和资源节约的理念贯穿于企业从产品设计到原材料采购、生产、运输、储存、销售、使用和报废处理的全过程，使企业的经营活动与环境保护相协调。

相比绿色供应链，绿色低碳供应链更为强调对“碳”的关切，简单说，就是在绿色供应链的基础上，更加注重“碳”要素。在推进思路及模式方面，两者一脉相承，都旨在依托市场力量。打造绿色低碳供应链也涉及供应链上下游的各个环节，包括：绿色低碳设计、绿色低碳材料、绿色低碳采购、绿色低碳生产、绿色低碳营销、绿色低碳回收以及供应链上企业之间的战略合作伙伴关系等。可以说，供应链是企业追求利润最大化的产物；绿色供应链侧重环保合规；绿色低碳供应链旨在减少碳足迹甚至推进实现整个供应链条零碳排放。

构建绿色低碳供应链的主体是核心企业，但外部因素同样重要。海伦·沃克（Helen Walker）等（2008）的研究表明，企业打造绿色供应链会受到法律法规、消费者、竞争者以及社会监督机构等的驱动，阻力

主要来源于成本压力、供应商不响应及行业特殊性等。朱庆华和田一辉（2010）认为企业打造绿色供应链主要源自外部压力和内部动力，外部压力包括政策法规、竞争压力、供应商压力和社会压力；内部动力则包括运营需要、管理层期望及经济效益期望等。综上，推动打造绿色低碳供应链一方面要予以引导、给予外部赋能和绿色低碳氛围；另一方面要激发企业自身动力。

（二）打造绿色低碳供应链是提升产业链现代化水平的有效抓手

从发展现状看，目前我国提升产业链现代化水平的重中之重是：补链、加强控制力和提升竞争力。只有不缺位，才不会有断链断供风险，丧失“主动权”；只有自身硬，才不会被牵着鼻子走，丧失“掌控权”；只有高效现代，才不会在变革中掉队，丧失“引领权”。补链的关键是产业基础能力、加强控制力的关键是市场力、提升竞争力的关键是效率和产品力。

打造绿色低碳供应链就是要通过“供应链管理”这一“市场化手段”，发挥供应链上核心企业的主体作用，基于上下游采购关系，对上游提出相关要求，产生杠杆效应，促进全产业链绿色低碳。理论上讲，企业只要有外部采购，都可以打造绿色低碳供应链。以“打造绿色低碳供应链”为抓手，凝聚发挥“市场、采购、协同”合力，将有力推动提升我国产业基础能力和产业链现代化水平。

一是以绿色市场为先，有利于加快提升设计力、产品力及控制力。我国具有超大规模市场优势和内需潜力，面向碳中和愿景，培育绿色市场是打造绿色低碳供应链的先决条件，也是产业链升级的重要动力。通过绿色产品需求，激发创新活力，引导绿色设计，拉动绿色制造，进而促进绿色材料研发。随着国内绿色市场的释放，特别是产品设计研发水平的不断提高，有利于吸引更多国际技术领先企业加入中国供应链条，提升供应链的质量、安全和效率。放眼全球，我国新能源产业已具备较强的实力。2019 年，有 8 家中国企业位居光伏企业营收全球前十，有 5 家位居风电企业装机容量全球前十，有 6 家位居动力电池装机量全球前十，取得这一成绩离不开政府强有力的支持和推动，尤其是市场空间的释放。在外需和外部环境不利的局面下，新能源产业曾进入“寒冬期”，正是国内市场需求的大幅增长为产业的发展壮大带来了转机。

二是绿色采购传导，有利于加快提升效率、现代化和竞争力。在“市场为王”大势下，这种基于供需的供应链逆向管控将十分有效。实施绿色低碳供应链管理主要是由核心企业对链上上游供应商提出要求，进而推动全链条绿色低碳升级。在全球主张可持续发展、应对气候变化的大背景下，绿色低碳甚至零碳正在成为产业链发展的共识。例如苹果承诺到 2030 年实现供应链和产品 100% 碳中和，并提出任何希望成为供应商的公司都必须承诺在 10 年内“使其苹果产品 100% 可再生”，100% 使用可再生能源与材料。供应商为能进入苹果链，势必将加快推进技术进步和生产方式变革。逆向采购传导效果显著，但前提是核心企业足够强大，以及相匹配的外部政策和市场环境。因此，提升产业集中度，打造一批具有国际竞争力的头部企业，将更好地发挥绿色低碳供应链管理的效能。

三是绿色协同推进，有利于加快提升整体性、凝聚力和创新力。相比围绕具体某个行业、某个技术环节集中攻关，远不如以最终产品和市场为导向的供应链推进方式更具有生命力。据调研，目前许多所谓的“卡脖子”，并非完全无法替代，而是核心企业“要不要”和“想不想”的问题。除历史发展进程导致的“缺芯”“少核”，在某些专用材料、专用产品等方面的基础能力不足实际是由全球一体化、比较优势及市场规模等因素引起的“锁定”问题。打破“锁定”，以产品创新拉动供应链协同升级是突围的一大途径。去燃油化趋势下，我国电动汽车发展正在形成的“电技术”优势正在逐渐消除发动机和变速箱的技术劣势。市场规模和蔚来、小鹏等核心企业的崛起，带动了国内电动汽车链条的快速发展。以绿色低碳供应链管理为纽带，协同全链条低碳、共享、创新，将助力中国产业崛起。

二、我国绿色低碳供应链进展与存在的问题

目前国内仍以推进绿色供应链为主流，并处于探索和试点示范阶段，绿色低碳供应链的提法还不多。随着全球对碳减排重视程度的不断提高，特别是许多国际大型核心企业如苹果、沃尔沃、宜家、亚马逊等都已将“碳中和”作为供应链管理目标，打造绿色低碳供应链甚至“碳中和”供应链将成为企业追求的方向及产品竞争力的体现。围绕绿色供应链我国开展了大量工作，有必要总结进展及梳理问题，为下一步推动打造绿色低碳供应链提供支撑。

（一）绿色供应链建设取得的进展

1. 绿色供应链正被广泛关注

在国家加快推进生态文明建设的背景下，绿色供应链备受重视。特别是“十三五”规划提出“加快构建绿色供应链产业体系”以来，对绿色供应链的推行力度前所未有。以绿色供应链为突破口，生态环境部推进企业环保合规，工业和信息化部推进工业绿色发展，商务部推进绿色采购、绿色流通，国家发展改革委推进节能减碳、绿色生活等，出台了《关于积极发挥环境保护作用促进供给侧结构性改革的指导意见》《环境保护部推进绿色制造工程工作方案》《工业绿色发展规划（2016—2020年）》《绿色制造工程实施指南（2016—2020年）》《关于加快推进工业节

能与绿色发展的通知》《企业绿色采购指南（试行）》《关于促进绿色消费的指导意见的通知》《关于构建市场导向的绿色技术创新体系的指导意见》等一系列文件，支持绿色供应链发展。

2. 法规标准体系已具备基础

绿色供应链涵盖绿色设计、绿色采购、绿色生产、绿色包装、绿色物流、绿色消费、废弃物回收等全流程，在各个独立领域和环节我国已初步建立了系统的规制。具体包括《清洁生产促进法》《节约能源法》《循环经济促进法》《固体废物污染环境防治法》等法律，以及《产品生态设计通则》《生态设计产品评价通则》《电子信息产品污染控制管理办法》《清洁生产审核办法》《限制商品过度包装通则》《绿色物流指标构成与核算方法》《能源效率标识管理办法》《包装物回收利用管理办法》《废弃电器电子产品回收处理管理条例》等法规标准。专门针对绿色供应链的法规体系也在不断制定。2017 年，《绿色制造—制造企业绿色供应链标准》发布实施。2019 年，工业和信息化部制定了《机械行业绿色供应链管理企业评价指标体系》《汽车行业绿色供应链管理企业评价指标体系》和《电子电器行业绿色供应链管理企业评价指标体系》。

3. 地方试点积累丰富经验

绿色供应链率先在地方层面先行先试，取得了明显的成效。天津是最早开展绿色供应链试点的城市，以绿色采购、绿色建筑、绿色钢铁等为重点领域，出台了《绿色供应链管理试点实施方案》《绿色供应链管理工作导则》《绿色供应链管理暂行办法》《绿色供应链产品政府采购管理办法》等政策，并制定了《绿色供应链管理体系——要求》《绿色供应链标准化工作指南》等地方标准。2013 年，上海启动绿色供应链试点，重点引导汽车及零售企业打造绿色供应链。2016 年，上海启动“100+ 企业绿色链动计划”，鼓励企业提交绿色供应链项目计划书，自主实施绿色供应链项目。2015 年，东莞成为环境保护部[①]批复的首个绿色供应链试点城市，在家具、制鞋、电子和机械等四大制造行业以及零售服务业开展探索，2016 年，发布了《绿色供应链东莞指数》，设置了 30 多个评价指标。此外，深圳、云南等地也积极探索绿色供应链创新模式。

4. 企业实践发挥了示范效应

绿色供应链管理的实施主体是核心企业，绿色供应链管理实践源于国外企业，近年来国内企业也积极主动作为。早在 2010 年，苏宁电器与三星、海尔、美的等组成百亿伙伴俱乐部，与其上下游供应商开始绿色供应链行动计划。华为确定了“满足客户要求，超越客户期望，实现持续改进，支撑商业成功，努力成为行业标杆”的供应链可持续发展目标，把可持续发展要求融入采购全流程中，包括供应商认证、选择、评估、绩效管理、采购履行、供应商退出等。联想制定实施《供应商行为操守准则》，覆盖可持续发展的各个方面，通过“绿色生产 + 供应商管理 + 绿色物流 + 绿色回收 + 绿色包装”等五个维度和一个“绿色信息披露（展示）平台”来打造公司绿色供应链体系。金风科技结合自身优势，一方面打造供应商协同平台，从研发、质量、服务、生产等各维度与供应商进行信息共享及业务协同，提高效率和战略一致性；另一方面逆向服务，帮助供应商开发节能和可再生能源项目，旨在降低系统成本提升全链条竞争力。截至 2020 年底，工业和信息化部共公布五批绿色制造名单，其中累计有 189 家企业获批绿色供应链管理示范企业，第一批 15 家、第二批 4 家、第三批 21 家、第四批 50 家、第五批 99 家。从地域分布来看，排名前四的是浙江省、广东省、江苏省和天津市，分别有 27 家、20 家、14 家和 14 家。

① 现为生态环境部。

（二）存在的主要问题

1. 推进绿色供应链的政策机制仍待完善

一是尚无统一的顶层设计。打造绿色供应链是一项综合、系统的工程，涉及众多行业及产品全生命周期的各个环节，但目前尚未形成专门以“绿色供应链”为主的顶层设计政策机制，导致各部门之间协调配合力度不足，目标不够统一。二是政策实施效率不高。各部门政策措施分散，各自为政、缺乏呼应，并且在实际工作开展过程中缺少具体操作层面的指导和监管，未及时总结形成行之有效的模式和经验。三是配套措施亟待完备。首先绿色供应链相关的法律法规支撑仍需加强；其次绿色供应链实操层面的标准、办法、指南等依然匮乏，特别是缺少科学通用的评价体系和规范；再者推进绿色供应链管理的激励措施有必要优化设计（见图 1）。

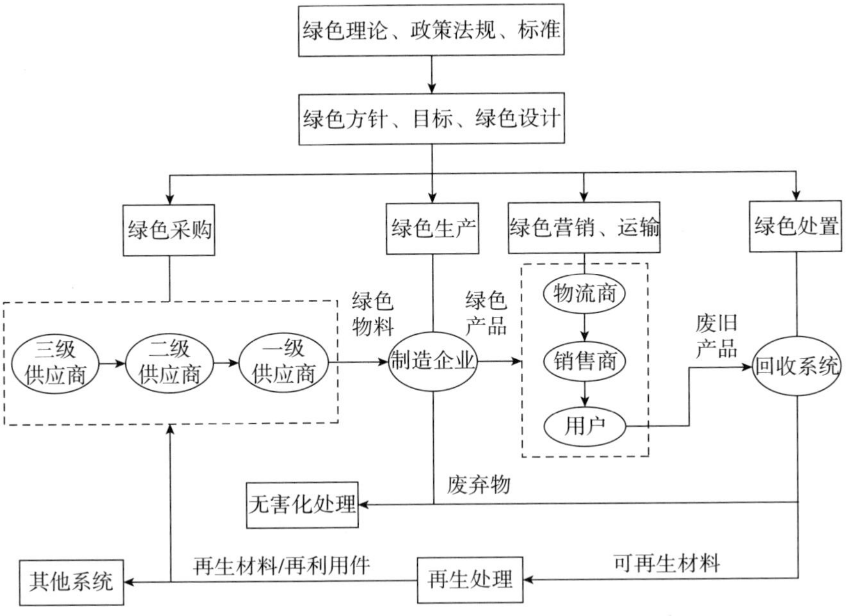

图 1　制造企业绿色供应链管理流程（物流和信息流）

资料来源：《绿色制造—制造企业绿色供应链管理导则》（GB/T 33635-2017）

2. 推进绿色供应链的市场化机制尚未形成

打造绿色供应链离不开政府“有形的手”的支持，但通过市场手段逆向传导绿色低碳要求，实现全链条升级，才是绿色供应链管理的优势所在。当前推动绿色供应链以政策引导为主，市场化的特性还未释放发挥。一是全社会绿色低碳消费的风尚和氛围还不强，不足以左右产品设计、供应和生产过程。二是国内许多核心企业还存在大而不强的问题，对上游控制力不足，甚至某些环节还存在“卡脖子”问题。三是上游大量中小企业恶性竞争，企业“短命”问题突出，供应链合作伙伴关系不够牢固。四是经验不足，还总结不出可复制、可推广、可持续的市场模式，仍停留在企业自行探寻出路的阶段。

3. 推进绿色供应链的自发动力不足

企业以盈利为目的，推进绿色低碳供应链管理往往需要自评估三个问题，即：为什么推？怎么推？有什么好处？从驱动力看，红海竞争下，绿色低碳不是主流，低成本依然是最关键的风向标，环保节能减碳具有负面性，对于绝大多数核心企业而言，绿色供应链短期并不利于其扩大市场规模和利润水平提升，反而会因此增加额外投入，并承担着一系列的责任和风险。从具体实施看，能力不足、缺少规范指导、无对标标杆、增加管理成本等是挑战。从预期效果看，在普遍存在“绿色低碳”会增加成本的传统认知下，若看不到市场红利和政策红利，难以激发绿色低碳供应链实施热情。

4. 推进绿色供应链的“碳考量”不充分

目前绿色供应链的推进以“环保合规”和“提高资源能源利用效率”为主导思路，减碳通常作为一项实施效果予以评述，重视程度不够。在实现 2060 年碳中和目标背景下，研究以“碳”为统领的绿色低碳供应链是大势所趋。碳中和不仅仅是气候变化问题，根本上是发展转型问题。作为碳排放大国，实现碳中和，必须要落实能源革命和生产生活方式变革，绝对的近零排放，意味着我国能源系统和产业体系将全面重构。可以说，推行绿色低碳供应链，逐步加强“碳”的地位，既是我国迈向“美丽中国”和“碳中和”的有力支撑，更对促进产业升级及产业链现代化发挥撬动作用。

三、打造绿色低碳供应链的总体思路和理论路径

（一）总体思路

绿色低碳供应链是绿色供应链的“升级版”。打造绿色低碳供应链，提升产业链现代化水平，应坚定不移贯彻创新、协调、绿色、开放、共享的新发展理念，以“社会主义现代化、美丽中国和碳中和”三大战略目标为指引，从问题和短板出发，从供应链和产业发展两个维度入手，用好绿色低碳供应链管理这一金钥匙，坚实两个保障，即“顶层设计”和“配套机制”，聚力产业高质量发展，培育“低碳消费”和“碳交易”两大市场，启动系列重大行动，着力打造具有中国特色和新优势的绿色低碳现代供应链和产业链，努力引领全球可持续发展事业以及新一轮科技革命和产业变革。

（二）理论路径

打造绿色低碳供应链最有效的驱动力是市场和利益，目的是提升企业和产品的竞争力。依据绿色供应链管理的基本理论原理，打造绿色低碳供应链应突出抓好三大主体：核心企业、消费者和政府。具体模式是：政府引导、核心企业主导、消费者促进。

政府引导，提供政策保障和外部支持。政府在打造绿色低碳供应链

过程中扮演着不可或缺的角色，事实上通过采取法律的、行政的、经济的等手段，可直接对整个供应链的任何环节产生影响。但要打造系统的、完整的、畅通的绿色低碳供应链以及绿色产业链体系，需要在战略规划、产业政策、绿色低碳政策、标准标识体系、能力建设及宣传推广等方面整体推进。以绿色低碳供应链为引领统筹环保、节能、低碳、循环等具体工作，不仅有利于提高工作开展效率，更有利于减少企业不必要的负担，最终将有利于加快形成绿色低碳现代化产业体系和产品体系。

核心企业主导，推进全供应链条绿色低碳化和现代化。目前全球企业之间的竞争已经演变成为供应链和供应链之间的竞争，其中，大型采购方即核心企业扮演着更为主导的统筹角色，对上游的供货商往往具有较强的选择权和决策权，如苹果、海尔、宜家等。基于采购关系，核心企业面向上游实施绿色低碳供应链管理主要有四方面内容：一是向上游供应商提出绿色低碳要求，如绿色制造、减少污染物排放甚至碳中和等；二是同上游供应商联合实施产品和技术的研发、设计，如全生命周期生态设计、工艺改进等；三是向上游供应商提出产品性能及材料要求，如高性能材料（以质减量）、绿色材料等；四是同上游供应商信息互通协同发展，如产品碳足迹、物质流及价值流跟踪等。

消费者促进，倒逼产品和供应链绿色低碳升级。公众的力量尤其是绿色消费不容忽视，甚至是决定绿色低碳供应链可持续发展的核心元素。消费者既是产品供应的末端，更是生态破坏的最终受害者，因此，消费者对绿色节能低碳产品的需求以及对生态环境的渴望是绿色低碳供应链的原动力。通过消费促进供应链绿色低碳转型，关键是要建立健全产品绿色标识、碳足迹以及企业绿色低碳评价体系等，让公众能够更加容易地选择绿色低碳产品、支持绿色低碳企业发展。例如我国实施的能效标识，有效地促进了高效节能产品的推广应用。随着消费者绿色低碳意识的提高，特别是践行绿色低碳生活方式意愿的加强，满足公众绿色消费需求将形成强大的产品和技术研发反向推动力。

四、政策建议

打造绿色低碳供应链需要系统思维，并非一蹴而就，“外部支持”和“企业自发”两手抓两手都要硬。在绿色供应链已开展工作的基础上，应从强化宏观指导、产业转型升级、激发企业活力、打开有利局面、全面创造条件五个方面推进绿色低碳供应链建设，助力我国产业链现代化水平提升。

（一）完善顶层设计，强化宏观指导

绿色低碳供应链涵盖面较广，需要科学合理地进行顶层设计，需要各有关部门的协力推动。同时，在碳中和新愿景下，当前绿色供应链思路和模式已无法满足新形势新要求。作为推进绿色低碳以及产业链现代化水平提升的整体解决方案，建议从两个层次进一步加强绿色低碳供应链的顶层设计和系统指导。一是谋篇布局。将打造绿色供应链拓展延伸至两个方位：打造“绿色低碳产业链体系”，推行“绿色低碳供应链管理”。供应链是企业与企业间形成的供应链条，产业链既包含供应链内容，又注重产业体系化的建立。建议研究制定《关于推进绿色低碳供应链发展的指导意见》《绿色低碳供应链管理指南》等文件，强化总体设计。二是具体落实。在统一谋划下，明确牵头部门及配合部门的分工和工作重点，制定各领域的实施方案和路线图，特别是要逐步总结推广以“碳”为统领的绿色低碳供应链管理模式。

（二）聚力产业本身，加快转型升级

以打造绿色低碳产业链和推行绿色低碳供应链管理为导向，完善产业政策、优化产业布局。一是以“绿色低碳”和“补链强基”为目标，提升产业配置。研究制定中国绿色低碳制造2030，明确三个“一批”及路线图，即“调整一批”“壮大一批”“发展一批”。针对传统产业特别是钢铁、水泥、有色、石油化工等行业，进一步提高产业集中度，以“市场”“环境容量”“技术工艺”为主要依据，强化产能管控，同时加强末端“以质减量”，减少需求；针对节能环保、新能源、新材料等战略新兴产业，支持做强做大，打造一批新优势产业、核心企业；针对产业链短板环节，一方面鼓励国内企业加大技术研发力度，另一方面通过“给市场”的方式促进国产替代。二是以“比较优势”“协同效率”“环境容量”为原则，优化产业空间布局。全国一盘棋，走区域差异化发展路线，以省级为单位明确产业发展重点方向，以园区为载体调配企业及产业链条。三是以“地方”和“核心企业”为双驱，推进绿色低碳产业链和绿色低碳供应链。通过行政手段，自上而下促进产业绿色低碳转型；通过市场手段，逆向传导促进产品全链条绿色低碳升级。

（三）培育“两个市场”，激发企业活力

打造绿色低碳供应链的根本目的在于提升整个链条的竞争力，在普遍意识还不高、经验模式不完备的情况下，从市场入手形成内生动力是关键。一是全面推行绿色消费，因“买方”而动。建立健全产品、企业绿色及碳标识体系，强化产品和制造环节的对标，引导绿色生产和消费；鼓励绿色低碳设计和创意经济，支持新产品的研发和推广，可考虑在全国节能宣传周期间组织绿色低碳产品年度创意展；倡导绿色生活，培养百姓节能减碳的社会风尚和消费习惯。二是尽快推行并完善碳交易市场

机制。尽管节能和新能源项目投资回收期并不长，是无悔的选择，但在残酷的市场尤其是价格竞争下，阻碍了企业的热情。全面启动碳市场，提高减碳项目的投资收益，避免“鞭打快牛”，将有利于企业不断提升绿色低碳水平，同时有利于提高全链条的创新能力和现代化程度。

（四）启动“四大行动”，打开有利局面

“十四五”是全面建成小康社会的第一个五年，也是碳中和目标提出后的第一个五年，面向 2030、2060 战略愿景，打造中国特色的绿色低碳供应链，“十四五”应以“取得突破”为基调，抓实“四大行动”。一是市场先行，开展“低碳消费行动”。在推广绿色消费、绿色生活的前提下，进一步推行低碳消费、低碳生活，瞄向碳中和，逐步形成以“碳”为重要参照的消费模式。二是总结经验，开展“绿链升级行动”。基于绿色制造体系创建绿色供应链的工作进展，分析案例、提炼模式，推进全产业链绿色升级，此外，探索以物质流、能源流为信息依托，建立绿色供应链在线综合服务平台，打造数字供应链。三是价值驱动，开展“碳交易创新行动”。激活全国统一的碳市场，完善交易机制，探索依托核心企业整合全链条碳减排量的思路和模式。四是超前谋划，开展“碳中和供应链领跑者倡议行动”。参照苹果、沃尔沃等企业，鼓励国内核心企业自愿承诺供应链碳中和，并为之努力，引领产业发展。

（五）完善配套机制，全面创造条件

绿色低碳供应链推广面临的挑战之一就是配套支撑体系不齐备，建议在多个层次逐步完善配套政策和支持体系。一是完善上位法依据。建议将绿色低碳供应链纳入《节约能源法》以及正在制定的《应对气候变化法》等相关法律文件中，为绿色低碳供应链的实施提供上位法

依据；二是纳入国家生态文明建设、节能减碳等重大战略。建议将绿色低碳供应链写入“十四五”相关规划等重大文件，为绿色低碳供应链的实施提供支持；三是完善相关制度建设，包括管理办法、评价制度、认证制度、奖罚机制等；四是完善标准、认证、标识和统计核算体系，例如绿色采购标准、绿色低碳供应商认证、产品碳足迹标识、碳中和核算方法等；五是全方位加强宣传推广。政府带头行动加紧落实政府绿色低碳采购；加强对绿色低碳供应链实施较好企业的宣传，鼓励其他企业积极参与；将绿色低碳供应链作为推动环保、节能、低碳的重要途径在节能周、气候大会等大型活动加以宣传。

执笔人：吕 斌

参考文献

[1] 朱庆华 . 绿色供应链管理 [M] . 北京：化学工业出版社，2004。

[2] 宋志国、贾引狮 . 绿色供应链管理若干问题研究 [M] . 北京：中国环境科学出版社，2009。

[3] 毛涛、马军等 . 绿色供应链创新应用制度与实践 [M] . 北京：中国社会科学出版社，2020。

[4] 蒋洪伟、韩文秀 . “绿色供应链管理：企业经营管理的趋势” [J] . 中国人口 · 资源与环境 . 2000 年第 4 期，第 90–92 页。

[5] Fahimnia, B., Sarkis, J., Davarzani, H., 2015, “Green Supply Chain Management: A Review and Bibliometric Analysis”, International Journal of Production Economics, Vol. 162: PP101–114.

[6] Walker, H., Sisto, LD., Mcbain, D., 2008, “Drivers and Barriers to Environmental Supply Chain Management Practices: Lessons from the Public and Private Sectors”, Journal of Purchasing and Supply Management, Vol.14 (1) : PP69–85.

[7] 朱庆华、田一辉 . “企业实施绿色供应链管理动力模型研究” [J] . 管理学报 . 2010 年第 5 期，第 723–727 页。

[8] 吕斌、康艳兵、张伟 . “绿色供应链推动我国节能减碳的思路与政策建议” [J] . 中国经贸导刊 . 2016 年第 1 期，第 69–71 页。

专题六

优化产业链布局
提升产业链现代化水平

产业链现代化内在地要求产业链空间布局的优化。从全球范围来看，产业链布局呈现出自主性不断加强、细分产业局部产业链的转移、产业链与创新链协同布局、产业链不同环节空间分布的中心外围特征趋于显著等趋势。基于完整的工业体系，我国产业链较为完备，但是目前面临着产业链参与国际循环的风险和不确定性增大、产业链布局对国内大循环支撑有待加强、产业链与创新链空间布局协同性有待增强、产业链迁移过快和配套不同步造成局部风险等问题和挑战。为此，按照统筹发展和安全双重要求，以围绕加快构建新发展格局为主线，以“推动战略性和关键性产业链核心环节的国内替代、推动国内重点优势产业链国际化再布局、引导重点产业链向战略性关键区域布局、引导发达地区重点产业链向内陆地区和沿边地区转移、推动战略性和关键性产业链与创新链协同布局、促进产业链有序同步精准化转移”六大任务为重点，优化产业链布局，不断提升产业链现代化水平。

一、全球产业链布局的新趋势

随着国际环境的变化、全球产业链分工布局的调整，新一轮技术革命逐步由导入期转向拓展期，产业链布局将可能呈现出如下新的趋势。

（一）产业链布局的自主性不断加强成为新的趋势

近年来随着科技产业的逆势发展，为了摆脱对其他企业的依赖，增强自身的发展自主性，最大程度地去提升产品的使用体验，获得差异化竞争优势，全球科技行业加快了研发和产业链关键环节的自主可控性。苹果、微软等巨头都纷纷自主研发芯片，2010 年苹果便开始推出自主芯片，应用到其多条产品线，目前 A 系列芯片在市场上已应用到第 11 代，最新款的 iPhone 均采用了这款处理器。微软则正在为其服务器以及未来的 Surface 设备自行设计基于 Arm 的处理器芯片。Google、亚马逊等科技巨头多年来也已经自主研发了芯片。苹果公司则开始自造电动汽车和电池。随着国际环境的恶化以及新冠肺炎疫情的持续，未来较长一段时期，产业链布局自主可控性成为重要的趋势。关系国计民生的重要原材、零部件、中间投入品尤其是医疗医药等产业的全球价值链，跨国公司可能会就此搬迁回母国，以形成政府和社会所要求的自主可控。同时，跨国公司为分散风险，会更加重视对供应链实施多元化布局。

（二）细分产业局部产业链的转移将成为主要趋势

单一产业价值链的细化分解，为不同产业之间整合相同要素提供了广阔空间，使得不同产业之间开始形成更加复杂的网格化分工格局。超越局部生产环节的整体配套能力和体系性的综合优势，成为决定全球产业转移的主导力量。整体产业转移的可能性降低，产业链环节的转移正成为主要方式。

（三）产业链与创新链的协同布局成为新的趋势

随着第四次工业革命正在萌芽，产业链与创新链布局分离脱节现象正在改变，以往从大学开展科学发现到企业技术创新、产业化的路径逐渐被打破。现代经济把那些接近实际经济运行、容易接触新的商业创意的人，变成了主导从开发到应用的创新过程的研究者和实验者，而科学家和工程师往往被他们召集过来提供技术支持[①]。第四次工业革命以来，科学研究领域从以往的自由探索逐渐转向以产业创新为导向，孵化和研发新技术环节成为最重要的环节，科学家与企业家的结合更加深入，科技创新、科技创业和商业模式创新的深度融合[②]。从实践中发现问题，给科学家提出问题，或者说实践部门驱动的科技创新和产业创新成为新的趋势，并且呈现出科学技术创新和产业链创新同步推进且快速迭代的特征。围绕创新链布局产业链、围绕产业链部署创新链成为新的发展趋势，产业链和创新链的融合互动、空间上的耦合性分布进一步增强。

（四）产业链不同环节空间分布的中心外围特征趋于显著

新一轮科技革命日益对产业链布局产生深刻的影响，通过技术替代与空间压缩效应，扩大了经济活动的空间集聚规模效应，同时通过互联网、区块链、云计算等技术，在不同地区之间建立新的空间联系路径，实现生产、交易、管理、控制等供应链不同功能在不同空间实时、便捷地连接，从根本上改变要素流动与产业链空间配置的路径，在地区间建立起一种基于全供应链的新型功能分工联系。总体来看，产业链不同环节在城市体系出现空间分离，呈现出中心外围空间布局的特征和趋势，

---

① 费尔普斯．大繁荣：大众创新如何带来国家繁荣 [M]. 北京：中信出版社，2013，第 30 页。

② 洪银兴．再论产业化创新：科技创新和产业创新的衔接 [J]. 经济理论与经济管理，2016 年第 9 期，第 6 页。

即研发管理等环节日益在中心城市集聚，加工制造组装等环节更多地在外围城市集聚，形成产业链上中下游在中心—外围城市间的空间分工格局。随着高铁网络、数字技术的进一步发展，未来广义运输成本的下降、时间距离的缩短，将会加快调整产业链以及产业链的不同环节在空间的迁移和分布，全面呈现出中心外围的产业链分布新格局，区域经济发展格局将由传统意义上的产业集群向非连续、多中心、分散式的网络化布局演变。

二、我国产业链布局现状与问题

（一）产业链布局现状

产业链是指产业内部及各个产业部门之间基于一定的技术经济逻辑，演化形成的纵向、横向链条式关联关系、时空布局和分工形态[①]。从经济和社会影响、对外依存度、成长性等维度，将产业链区分为重点产业链、关键产业链和战略性产业链三类。

建立在经济超大规模性的基础上，我国形成比较完备的产业体系，并在以纺织服装为代表的传统制造业，光伏和风电为代表的新能源装备产业，以及钢铁、稀土等为代表的原材料工业具有全产业链优势。尽管我国近年来产业链提升较快，但当前仍然存在不稳、不强、不安全、不通畅等问题。其中，重点产业链由于国内综合成本上升、中美贸易摩擦和新冠肺炎疫情等外部因素相互叠加，造成的产业链加速外迁压力。关键产业链存在的突出问题是不能做到安全可控，以价值链中低端为主的

---

① 国务院发展研究中心课题组．构建安全、稳定、具有竞争力的产业链——“十四五”时期全球产业链重构及提升我国产业链水平研究 [R]. 国务院发展研究中心．《调查研究报告》，2020。

情况尚未得到根本性改变，部分产业链面临关键核心技术受制于人的“卡脖子”风险，产业链基础环节如核心基础零部件（元器件）、关键基础材料、关键设备严重依赖进口。战略性产业链不少领域与国际领先技术水平仍有较大差距，产业链创新能力不强。此外，三类产业链共同存在的问题是循环不畅，除产业链供需不匹配导致生产循环不畅外，中美贸易摩擦和新冠肺炎疫情加剧了短期的循环不畅。

从产业布局来看，与东亚其他国家一样，按照出口导向型战略指引，我国逐步形成基于地域分工基础上的大国雁阵模式。21 世纪以来，受信息技术快速发展、全球产业链延伸以及中国“入世”等因素的影响，东亚地区的分工结构日趋网络化和复杂化，我国产业升级不断加快，区域间的要素禀赋结构开始发生变化，雁阵式产业分布格局开始出现调整，产业转移加快。

从产业链布局现状来看，主要产业链集中在东南沿海发达地区。产业体系和产业链空间分布呈现出东南沿海发达地区以生产性服务业、中高端制造等为主，中部地区以制造加工为主，西部地区以上游原材料和能源化工以及部分制造业为主，东北地区以机械装备和能源重化工业为主的分布格局。

以汽车产业链空间布局为例，我国整车生产主要分布在重庆、湖北、广东、山东、江苏、北京、吉林等省市，零部件生产布局大体与整车生产布局一致。围绕汽车整车厂，汽车零部件企业形成六大产业集群，即东北产业集群、京津冀产业集群、长三角产业集群、中部产业集群、西南产业集群和珠三角产业集群。近年来，随着中东部地区汽车市场的逐渐饱和，汽车产业链空间布局调整加快，呈现出以龙头项目为引领，零部件产业呈现出整体式、集群式转移的趋势，一方面以传统基地为中心向周边城市群扩散，另一方面加速向具有电子、装备、资源优势的中西部省份转移。

从人工智能产业链分布来看，2009年京津冀、长三角、珠三角和川渝四大都市圈人工智能企业占比分别为44.8%、28.7%、16.9%、2.60%。京津冀地区的基础层、技术层、应用层企业数量均最多，分别为14家、76家、248家，共有338家；长三角地区的人工智能企业数量位居第二，基础层、技术层、应用层企业数量分别为3家、41家、168家；珠三角地区的人工智能企业数量位居第三，基础层、技术层、应用层企业数量分别为3家、31家、92家；川渝地区的人工智能企业数量最少，三层次企业数量仅为19家。分省份看，人工智能企业主要分布在北京市、广东省、上海市、浙江省、江苏省、四川省、湖北省；分城市来看，人工智能企业主要分布在北京市、上海市、深圳市、杭州市、南京市、广州市、成都市①。

（二）产业链布局面临的问题和挑战

1. 产业链国际布局风险和不确定性增大

从全球范围来看，产业链分布呈现出同一种产品生产、流通和营销等不同环节在全球各个国家和地区布局的特点。从我国产业链国际布局的情况来看，大部分产业链在全球价值链中所处的环节以加工装配低端环节等为主，中高端环节通常不在我国，所需要的零部件和元器件一般都需要进口国外的中间产品。为数不多的以我国为主导的产业链在国外布局时，国外供应商对整条产业链具有极强的控制力②。根据麦肯锡2020年对中国很多关键领域的对外进口依赖度测算显示，我国供应链、产业链对外依赖度非常高。例如，机器人产业链，我国

---

① 中国新一代人工智能发展战略研究院．中国新一代人工智能科技产业发展报告（2019）。

② 洪银兴．促进创新链与产业链深度融合，光明日报，2020年10月20日第11版。

在焊接及物料处理机器人领域仅占据约10%的份额，伺服马达、减速齿轮、控制系统等需要顶尖技术才能生产的核心组件，仍然要依靠在国内设厂的外企或者从国外直接进口[①]。近年来，随着国际环境的变化，我国产业链国际布局外部环境日趋复杂，风险和不确定性日益加大。境外上游供应链断供影响加剧，我国部分创新密集型行业面临产业链“断链”和产能失速的双重风险。预计在未来较长的一段时期内，国际环境的不确定性和不稳定性将延续，产业链中某些“卡脖子”技术的断供、脱钩导致整个产业链断裂或瘫痪的风险加大。

2. 产业链布局对国内大循环支撑有待加强

在出口导向战略以及区域总体发展战略引导下，形成我国目前的产业链分布格局。随着经济由高速增长转向高质量发展，产业结构调整、产业升级和产业转移不断加快，产业链空间布局调整的内生动力增强。同时，随着区域总体发展战略的进一步拓展，形成优势互补高质量发展的区域经济布局成为新阶段的重要要求，区域重点战略区由以往的4大板块转变为4+X，产业链布局调整的外在牵引力发生转变。特别是在新发展阶段，加快构建以国内大循环为主体的新发展格局，更加注重国内消费大市场和生产、分配、流通和消费各个环节循环畅通，既有的产业链布局尚难以适应这一新发展格局的要求，既有的产业链布局与新的战略要求存在不协调不匹配问题，仍然不足以支撑构建新发展格局。

3. 产业链与创新链空间布局协同性有待增强

一般来讲，产业链和创新链是经济发展的一体两面，从其空间分布来看基本是耦合的，但受历史和体制等诸多原因影响，过去多年我国产业链

---

① 麦肯锡全球研究院. 中国与世界：理解变化中的经济联系 [R]. https://www.mckinsey.com.cn/category/insights/mckinsey-global-institute/

和创新链布局存在不同程度的割裂。在投资驱动的发展阶段，二者的分离对经济社会发展的影响并不突出。但是在迈向创新驱动发展阶段，当创新成为经济发展的主要驱动力时，产业链与创新链布局的不协调会制约生产效率和全要素生产率的提高。此外，我国许多地区出现了在产业转移和产业链布局调整过程中，创新要素资源的积累、迁移与产业链布局调整不同步、不协调和结构不匹配问题①。尤其是在政府"有形之手"主导的产业布局"腾笼换鸟"过程中，二者不同步现象更加突出，资源配置效率损失也更为严重。

4. 产业链迁移过快和配套不同步造成局部风险

随着要素成本的上升，我国部分地区产业链外迁逐渐加快，产业链在空间上的分离与转移是符合规律的。但是在东南沿海部分地区，出现了部分制造业产业链过快外迁的问题，而且主要转向东南亚国家外迁，并没有向中西部地区梯度成规模地转移。尽管没有出现制造业产业链成规模集中外迁的情况，但产业链外迁加速化、高端化、产业链化的趋势不容忽视。产业链短期内集中大量外迁，对当地就业、税收、产业链的稳定性等造成一定的冲击。特别是叠加环保政策和新冠肺炎疫情等因素，产业链外迁会在短期内加剧对当地的冲击。同时，部分产业链转移因选址论证不充分、配套条件不完善、时机不合适，出现产业链转移与资源要素不同步问题，产业链转入地缺少人才、资金、技术、基础设施和良好营商环境的配套，导致产业链效率和竞争力下降。

① 谢呈阳，周海波，胡汉辉．产业转移中要素资源的空间错配与经济效率损失：基于江苏传统企业调查数据的研究 [J]. 中国工业经济，2014（12）:130–142.

三、优化产业链布局的总体思路及重点任务

在构建内外平衡、循环互动的新发展格局背景下，进一步突出内部需求和国内大循环为导向，围绕以下六大任务优化产业链布局。

1. 增强战略性和关键性产业链核心环节的自主可控能力

为避免产业链供应链中断的风险，需要建立自主可控的现代化产业体系。一是以飞机发动机、高端半导体芯片、手机智能系统等极端情况下可能被国外断供的"卡脖子"技术为导向和重点，打好关键核心技术攻坚战，加强重点技术和产品创新生态体系建设，强化设计研发、系统集成等关键环节、关键领域、关键产品的保障能力，加快提高产业链关键环节的自主可控水平。加强战略资源储备，推动产业链供应链多元化，增强产业链供应链抗风险能力，切实保障产业链供应链安全。对重点行业产业链供应链进行系统梳理，建立安全风险评估和产业救济机制，推动产业链供应链多元化。加强中日韩区域合作促进我国创新链升级、补齐产业链短板、保障供应链安全。抓住新工业革命机遇及早布局，实现战略性新兴产业和前沿技术产业的突破，占领未来产业竞争的制高点。

2. 推动国内重点优势产业链国际化再布局

在增强产业链供应链关键环节自主保障能力的同时，调整优化产业链国际布局的方向和重点，积极推动国内部分优势产业链或产业链环节走出去，实现重点产业链国际布局的优化。一是鼓励引导优势产业链在新亚欧大陆桥、中蒙俄、中国—中亚—西亚、中国—中南半岛、中巴和孟中印缅等六大国际经济合作走廊以及"一带一路"沿线国家和地区布局，推动形成具有更强创新力、更高附加值、更安全可控的产业链和供应链，构筑互利共赢的全球产业链供应链利益共同体，推动国内国际双循环高效联动、相互促进。二是推动形成东亚和跨太平洋产业链合作

区。深化东盟与中日韩（10+3）领导人会议、区域全面经济伙伴关系协定（RCEP）、全面与进步跨太平洋伙伴关系协定（CPTPP）等区域价值链合作框架职能，优化与东盟国家和亚太国家在劳动密集型、区域生产型等行业的产能合作。加快中日韩自贸区谈判，强化化工、机械和设备、计算机和电子、汽车、运输设备、电力机械等创新密集型行业产业链、创新链关联，补齐代表性创新密集型行业短板，优先在半导体相关产业逐步减少对美国的单一依赖，在航空航天、光学影像和医疗器械等区域创新链薄弱环节积极开展创新合作，统筹发挥中国超大规模市场优势、产业链齐全优势和日韩创新链上游研发能力优势，共商共建共享更高水平的区域产业链和创新链①。三是推进与“一带一路”沿线国家和地区战略、规划、机制对接，加强政策、规则、标准联通，深化产业链供应链互补性合作，加强政府间政策协调，推动建立全球产业链供应链应急协调和管理机制。建立综合性、“一站式”服务平台，提高产业链对外布局的专业服务能力，为产业链对外布局提供金融、法律、财务、技术、信息等领域的全流程、国际化、专业化服务。

3. 引导重点产业链向国家主体空间区域布局

优化产业链布局，应用好我国发展战略纵深和国土空间纵深，分层分类构建多层次、立体化、网络式的产业链空间分布体系。一是按照国土空间开发格局战略要求，引导重点关键性产业链向横跨东中西、连接南北方的“三横三纵”国土空间开发主架构布局②，构建形成立体化网络式的产业链分布架构，成为畅通国内大循环以及支撑产业链现

---

① 张其仔，许明．中国参与全球价值链与创新链、产业链的协同升级 [J]. 改革，2020（06）：58–70.

② “三横”是指以路桥沿黄河通道、沿长江通道和沪昆通道为三条横轴，“三纵”是指以沿海、京哈京广和包昆通道为三条纵轴，即在原来“两横三纵”的基础上增加沪昆通道为横轴，并将原路桥通道扩展为路桥沿黄河通道。

代化的主体框架。二是按照高质量区域协调发展战略的总体要求，在京津冀、长江经济带、长江三角洲、粤港澳大湾区、海南自贸区、成渝地区，根据各地区发展优势和分工格局，加快布局前瞻性、战略性、全局性产业链，推动传统产业链和低端环节向外转移，成为畅通国内大循环、促进区域高质量协调发展和推动产业链现代化的主体板块。三是以城市群为重点空间，加快基础设施同城化、市场一体化、功能分工协同化、利益协调化、政策联动化，缩短运输时间、降低运输成本、消除制度性分割，推动产业链研发设计、生产制造等不同环节在城市群大中小城市之间形成中心外围分工体系。四是以都市圈和国家中心城市为核心，打造国家产业链创新中心，通过布局国家科学技术中心，发展先进适用技术，强化共性技术供给，加快科技成果转化和产业化，打造一批先进产业链的策源地和集聚区，构建一批各具特色、优势互补、结构合理的战略性新兴产业增长引擎。

4. 引导发达地区重点产业链向内陆地区和沿边地区转移

围绕陆海统筹以及沿边和内陆三线协调的全域开放格局，积极推动制造业产业转移和产业链布局调整，实现东中西高水平对接和互动。一是以内陆开放带动产业链向内陆布局。以内陆各地国家级新区、高新技术产业开发区、经济技术开发区、产业承接示范区为重点，以自贸区、综合保税区为抓手，更大力度推进西部地区对外开放，加快中心城市和城市群基础设施建设，着力降低交通物流成本，营造更好的营商环境，持续改善承接产业链转移环境，提高产业链布局承接能力，有序有效承接京津冀、长三角、粤港澳大湾区等重点区域的产业转移，重点承接与本地产业结构匹配度高，具有一定本地配套能力的项目。二是在中西部国家先进制造业示范基地布局产业链。在长江中游城市群和成渝双城经济圈以及西安、合肥、郑州、贵阳、南宁、昆明、兰州等制造业发展基础较好的地区，布局建设一批综合性的国家先进制造业示范基地。在中西部地区选择一些交通区位和营商环境较好、产业发展具有基础、发展潜力较大的中小城市，布局一批具有特色的专业化先进制造业基地。三是针对全球贸易格局新变化，围绕沿边开放经济带，加大中央财政对沿边地区的支持力度，加强沿边地区的营商环境和产业配套体系建设，积极引导东南沿海产业链布局。四是围绕三大海洋经济区，加快布局海洋产业链。全面实施陆海统一规划，以三大海洋经济区为重点，大力布局近海养殖、远洋渔业、海洋生物医药、海水淡化与综合利用、海洋装备制造、海洋油气开采、海洋船舶、海洋工程装备、海洋旅游等蓝海经济产业链[①]。

5. 推动战略性关键性产业链与创新链协同布局

按照围绕产业链部署创新链、围绕创新链布局产业链的要求，加快推动产业链与创新链协同布局。一是促进产学研协同创新。支持高校、科研院所、企业等主体依托新型研发机构开展产学研合作，由企业牵头组建创新联合体，推动产业链上中下游、大中小企业融通创新，加快健全以企业为主体、市场为导向、产学研用相结合的技术创新体系。完善共性基础技术供给体系，加强共性技术平台建设，加大制造业创新中心建设力度，加速科技成果转化和新技术规模化应用。二是紧扣产业链创新需求，提升创新链科技供给。围绕产业链实际需求部署创新链，集中力量整合提升一批关键共性技术平台，加强国家实验室、国家工程实验室、国家重点实验室、国家工程（技术）研究中心、国家级企业技术中心建设，支持建设国家地方联合创新平台，建立和完善一批创新成果转移转化中心、知识产权运营中心、产业专利联盟和产业技术创新联盟，

---

① 魏后凯，年猛，李功．“十四五”时期中国区域发展战略与政策 [J]. 中国工业经济，2020 年。

构建服务于区域特色优势产业发展的高水平创新链，开展重大产业关键共性技术、装备和标准的研发攻关，着力解决跨行业跨区域的关键共性技术难题。三是搭建双链融合的平台和制度环境。在现有科技大市场、产业转移转化平台基础上，加快推动构建包括创新资源、创新转化、创新应用、中试试验、科技金融、专业化咨询、大数据等在内的产业链互联网平台，为产业链和创新链融合提供综合性服务，高效对接产业链和创新链各环节。

6. 促进产业链有序同步精准化转移

产业链转移布局中的协调性、同步性有利于提高产业链布局的效率和产业链的竞争力。一是按照大稳定小调整、以政府为引导、以企业为主体、市场化推进的原则，做好产业链转移的总体规划，建立产业链转移结对合作机制，打造产业链转移合作平台，定期发布产业链转移目录，稳步推动产业链及其不同环节的向外转移，提高产业链转移的有序性。二是以集群化和全链条方式推进产业链同步转移。围绕核心企业和产业链集群，通过推动核心企业的转移，发挥其关联作用和配套作用。带动配套企业、研发机构和服务机构的转移，推动产业链全链条、集群式转移。积极提升产业链转入地的基础设施、公共服务、营商环境，为承接产业转移提供配套条件。三是推动产业链精准转移。加快推动产业链大数据和产业链招商地图的应用，利用机器学习和人工智能等算法，精准识别产业链短板，精准找寻与其相匹配的企业，实现产业链的精准识别、精准匹配和精准转移，提高产业链转移的有效性。

四、优化产业链布局的政策建议

第一，实施战略性产业链核心环节备胎计划。发挥社会主义市场经济条件下关键核心技术攻关新型举国体制的优势，实施战略性产业链核心环节备胎计划，协同各方面资源，加快突破关键核心技术，稳定完善国内供应链体系，增强产业链、供应链抗风险能力，稳定产业链关键环节。对于受到经贸摩擦冲击较为严重、有转移意图的重要产业链中的关键环节与关键企业，给予一定的指导和支持。

第二，出台全国性重点产业链布局专项规划。加强重点产业链布局的顶层设计和协调，指导各地做好产业链承接转移的规划衔接、政策协调、信息共享、协同监管等。逐步建立分层管理协同治理的新机制，中央统筹具有重大战略意义的产业布局和科技创新产业化项目，地方探索区域合作和产业链承接转移的新机制，提高产业链承接转移的效率。

第三，强化产业链布局规划与其他规划的协调。统筹国土空间开发规划、区域总体发展战略、城镇化战略以及科技战略规划有关产业链布局内容，加强战略规划的协同，根据新的环境和新的情况，动态调整相关规划。

第四，完善承接产业链转移的体制机制。推进区域一体化合作，创新产业链承接模式和产业园区管理模式和运行机制，建立省际城市间产业链转移统筹协调机制、重大承接项目促进服务机制，充分发挥行业协会、商会的桥梁和纽带作用，完善产业链转移促进平台。

第五，完善产业链布局政策的系统性协同性。逐步将产业链布局的不同政策工具的实施空间单元由行政区转向功能区。统筹优化相关产业链布局和转移的财税政策、金融政策、产业与投资政策、科技政策和开放政策。

执笔人：赵 勇

参考文献

[1] 蔡昉，王德文，曲玥 . 中国产业升级的大国雁阵模型分析 [J]. 经济研究，2009 年第 1 期。

[2] 国务院发展研究中心课题组 . 充分发挥“超大规模性”优势推动我国经济实现从“超大”到“超强”的转变 [J]. 管理世界，2020 年第 1 期。

[3] 国务院发展研究中心课题组 . 构建安全、稳定、具有竞争力的产业链——“十四五”时期全球产业链重构及提升我国产业链水平研究[R]. 国务院发展研究中心《调查研究报告（特刊）》，2020。

政策篇

政策一

以产业投资基金助力提升产业基础能力和产业链现代化水平

本文通过梳理产业投资基金的内涵和发展现状，并结合地方产业投资基金运作的相关案例，分析产业投资基金促进产业基础能力和产业链现代化水平的作用机制与引导效果。结果表明，与现有产业基础相适配的投资布局将更有助于发挥产业投资基金的产业引导作用。进一步分析发现，针对核心企业的投资，并积极引入社会资本是保障产业投资基金良性运作的关键所在。在此分析基础上，本文就产业投资基金管理过程中的绩效考评、风险防范、退出机制等方面提出了针对性的政策建议。

一、产业投资基金对提升产业基础能力和产业链现代化水平的重要意义

（一）对产业投资基金的理解

本文所指产业投资基金是由各级政府出资，主要投资于非公开交易企业股权的股权投资基金。产业投资基金，可以采取全部基金由政府出资、与社会资本共同出资或向符合条件的已有产业投资基金投资等形式。政府出资资金来源包括财政预算内投资、中央和地方各类专项建设

基金及其他财政性资金。

产业投资基金是各级政府促进所在区域一类或几类产业发展的重要金融工具，主要通过股权投资方式进行运作。它具备以下特征：一是产业投资基金以政府出资为前提，在投资方向、设立目的、绩效评价等各方面与纯社会化资本出资的各类 PE\VC 基金存在显著区别。在投资方向上产业投资基金主要投资于社会发展的重点领域或薄弱环节；在设立目的上产业投资基金不单纯以盈利为目的，也将促进政府产业及经济发展作为重要目标；在绩效评价上产业投资基金不单纯以收益为评价指标，而同样注重对产业的支持及引导，对税收及就业的贡献。二是产业投资基金是采用股权投资的方式进行运作，有效地改变了以往单纯的企业申请，政府拨款的方式，通过基金市场化的运作模式，以股权投资的方式及标准，衡量企业及相关项目，极大地提高了资金的使用效率，增加了出资回报。

（二）产业投资基金对提升产业基础能力和产业链现代化水平的重要意义

产业投资基金作为一种投融资工具，作为促进政府与市场深度融合的纽带，随着我国资本市场的改革开放，已逐渐成为推动战略性新兴产业发展的重要方式，对提升产业基础能力和产业链现代化水平具有重要意义。一是有利于推动传统产业升级改造。随着新一轮科技革命和产业变革的迅速兴起，产业跨界融合日益加快，传统产业转型升级迫在眉睫。产业投资基金通常投资于高增长行业和高科技行业，有助于推动传统产业在关键核心技术改造、设备更新迭代、生产工艺优化、产品研发创新、资源要素整合等方面实现转型升级，特别是利用产业投资基金的直接融资和市场化运作方式，加快推进以制造业为代表的传统产业高质量发展。二是有利于加快补齐产业链短板弱项。企业是产业链上的节点，积极推进各企业调结构、补短板、强弱项是产业链现代化的关键。当前，虽然我国产业规模已全球领先，但处于产业链“链长”地位的企业并不多，资源整合力、行业控制力不强。特别是当金融机构无法为中小企业提供贷款支撑时，发展产业投资基金，尤其是政府发起设立的特定行业投资基金，将成为促进产业发展的有力杠杆，有助于为企业建链补链、强链延链提供资金保障。三是有利于引领社会资本投向。产业投资基金有政府信用做背书，能够有效集聚社会资本、引领投向、培育新型市场化的机构投资者，为产业发展筹集资金，提高资本配置效率和运作效率。积极稳妥发展产业投资基金，对巩固产业基础能力、发展大型产业项目和提升产业链现代化水平具有积极的促进作用。四是有利于促进技术创新和产业化。科技研发存在一定的风险性，往往对要素资源配置和资金需求相对较高、周期较长。产业投资基金能够将技术研发所需的各层面要素集中起来，进行资源配资的最优组合，在资金源头上保障发明创造的有效进行，为创新主体提供一系列增值服务和风险管理，在应用层面推动技术产业化。五是有利于引入优势产业，做强产业基础。产业投资基金是导入外部先进产业落地的载体，基金管理人在投资过程中，将基金投资的具备先进产业地位的公司，以直接投资设立生产线、研发中心、区域总部，甚至整体搬迁的形式引入当地，极大地促进当地产业的发展。六是有利于增强产业链核心竞争力，打造产业集群。围绕核心产业，以政府传统的各类优惠政策，结合产业投资基金直接出资的金融手段，为产业链企业经营发展，提供良好的配套资金，打造各级政府吸引产业的“组合拳”，促进产业链生态的发展，形成产业集群。七是有利于发挥资本杠杆作用，为产业提供更多资金，引入先进产业管理经验，促进产业发展。政府以少量出资设立产业投资基金，由市场化的、具备丰富产业背景，通过数倍于原始出资的返投形式，吸引更多的基金投入政府鼓励产业，结合基金管理人丰富的产业背景，有助于基金投资后的产业赋能，并导入先进的管理经验，全方面地提升企业竞争力，繁荣产业。八是有利于推进市场化债转股。通过产业投资基金支持符合国家宏观政策的、有发展潜力的高负债企业实施市场化债转股，有助于发挥政府资金的引导作用和放大效应，吸引社会资金参与市场化债转股，有效降低相关领域内企业杠杆率，防范企业债务风险，帮助企业降本增效，实现优胜劣汰，是发挥市场配置资源决定性作用和更好发挥政府作用的重要结合点。

二、产业投资基金发展现状及问题

（一）产业投资基金的发展概况

产业投资基金作为我国金融体系的一个重要组成部分，在促进创新创业发展、产业结构调整、资源要素集聚以及经济发展转型中发挥了重要作用。

据了解，截至目前，我国共设立产业投资基金 1119 只，占各类政府引导基金比例 51.26%，总目标规模达到 63434.17 亿元，占比 54.61%。

从基金成立情况看，产业投资基金经历了快速增长到规范平稳的过程。2013 年，基金成立数量仅为 25 只，随着地方融资平台的转型，基金数量于 2015 年、2016 年迎来爆发式增长。2016 年成立的产业投资基金数量和目标规模分别达到 262 只和 13806.82 亿元，单只基金平均规模达到 52.70 亿元。2018 年以来，产业投资基金逐步受到了严格的规范化要求，以及资管新规对于银行出资渠道的限制，产业投资基金发展速度趋于平稳，2019 年成立基金数量降至 126 只，目标规模降至 7613.49 亿元（见图 1、图 2）。

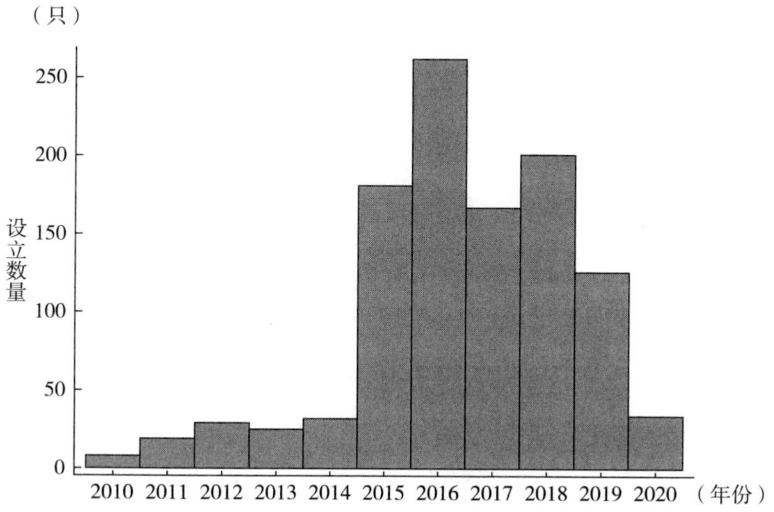

图 1　产业投资基金设立数量

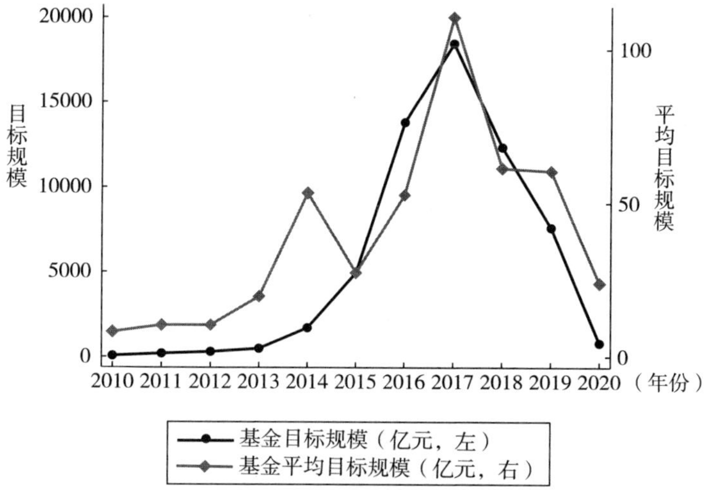

图 2　产业投资基金设立规模

资料来源：清科研究中心。

从地区分布情况看，产业投资基金主要集中在华东地区，华东地区累计成立 482 只产业投资基金，目标规模达到 17260.38 亿元，数量和规模位居全国第一，基金分布省份主要集中在浙江、江苏和山东。华北地区累计成立 156 只，目标规模达到 14110.25 亿元，位居全国第二，基金主要集中在北京。西南地区累计成立 122 只，目标规模达到 9079.15 亿元，位居全国第三，基金主要集中在四川。华中、华南、东北、西北四个区域共有 346 只，目标规模达到 20869.88 亿元（见图 3、图 4）。

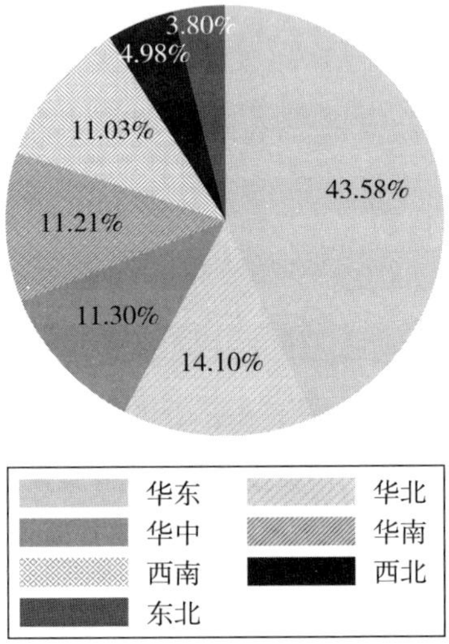

图 3 各地区产业投资基金成立数量占比

资料来源：清科研究中心。

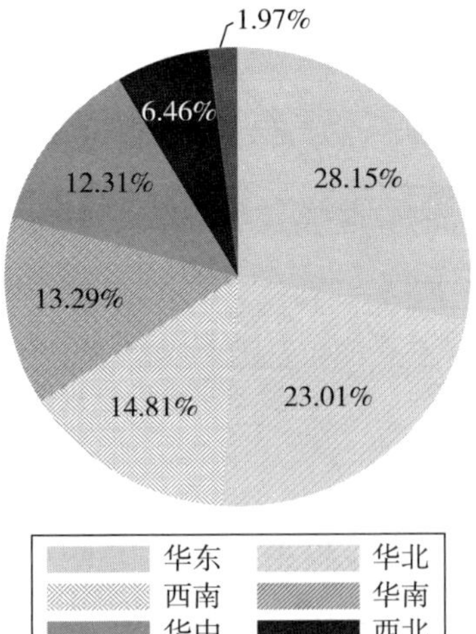

图 4 各地区产业投资基金目标规模占比

资料来源：清科研究中心。

从基金层级情况看，产业投资基金分为国家级、省级和地市级，主要以地市级和省级为主，地市级和省级的设立数量分别为 458 只和 245 只，目标规模分别达到 22714.73 亿元和 21069.23 亿元，占总目标规模比重分别为 35.81%、33.21%。国家级产业投资基金虽然数量不多（仅 21 只），目标规模达到 9299.24 亿元，占比为 14.66%，但国家级基金单只基金的平均目标规模最高，达到 442.82 亿元，远高于省级（86 亿元）和地市级（49.6 亿元）（见图 5、图 6）。

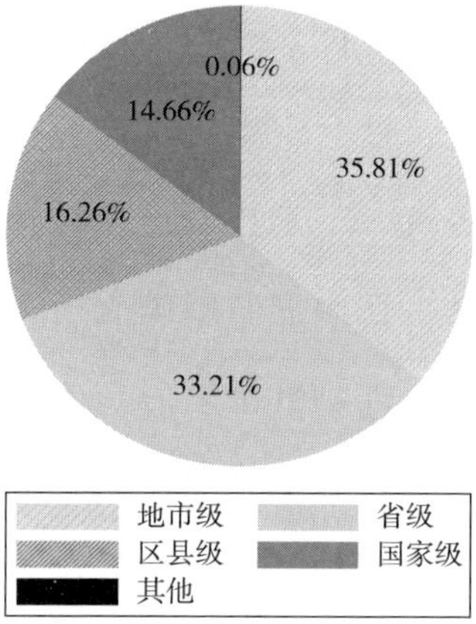

图 5　不同层级产业投资基金目标规模占比

资料来源：清科研究中心。

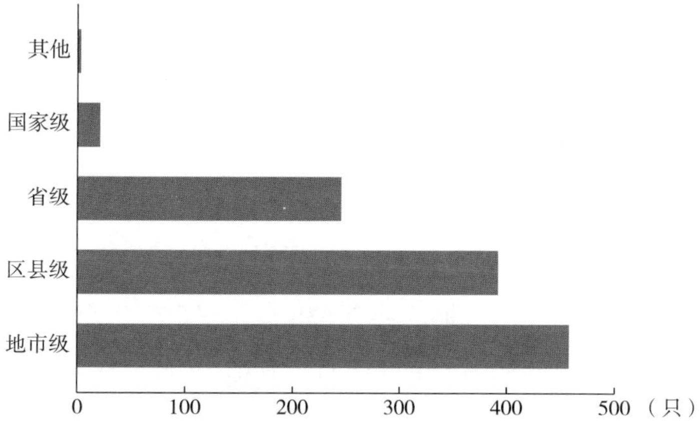

图 6　不同层级产业投资基金设立数量

资料来源：清科研究中心。

（二）产业投资基金面临的问题

与发达国家相比，我国产业投资基金存在的问题，主要表现在以下八个方面：一是募资难问题。2017年下半年以来，财政部、人民银行、银保监会等陆续出台一系列政策措施，金融去杠杆力度不断加大，市场流动性逐步趋紧。特别是2018年4月，人民银行等四部委发布《关于规范金融机构资产管理业务的指导意见》（业内统称“资管新规”），在防范债务风险的同时，金融机构出资政府投资基金受到很大限制，导致银行在基金层面出资基本陷入停滞状态。同时，受宏观经济环境变化的影响，民间投资增速放缓，社会资本出资产业投资基金的能力下降，也影响了产业投资基金的募资。二是投资进度缓慢、有效投资难问题。从资金使用情况看，有的基金在设立阶段缺乏统筹、项目储备不足，基金各出资方投资诉求及对项目评判标准差异较大，基金决策机制设置不合理，造成基金投资难以落地，有效投资不足，导致资金闲置。部分地区存在围绕同一产业领域设立多只基金，优质项目不足，僧多粥少，各基金分散运作难以形成合力等问题。据国务院关于2019年度中央预算执行和其他财政收支的审计工作报告显示，审计署抽查的8省47只由政府出资的产业投资基金，1272.74亿元实际到位中有411.74亿元未开展投资，其中21只基金的110.74亿元超过2年未实际投出。三是区域发展不平衡问题。从产业投资基金区域分布占比看，华东、华北两个地区占全国总盘子的57%，华中、华南、东北、西北四个地区占全国总盘子的30.9%，西南（主要指四川）占全国总盘子的10.9%，其他的仅占1.2%；从数量看，华东、华北两个地区共有638只，华中、华南、东北、西北四个地区共有346只，西南共有122只，其他13只；从规模看，华东、华北两个地区政府出资总额约为3.1万亿元，华中、华南、东北、西北四个地区政府出资总额约为2.1万亿元，西南地区政府出资总额约为0.9

万亿元，其他约为0.3万亿元。产业投资基金集中在华东、华北、华南这些发达地区，而欠发达地区的基金数量和规模与发达地区相比具有较大差距，造成较大的投资不平衡问题。全国产业投资基金总盘子中，东部规模较大，西部偏少，区域差异较大。四是产业投资基金存在政策性与市场化的矛盾问题。一些产业投资基金害怕担责，投资相对谨慎，倾向于投资规模大、风险较低的项目，部分产业投资基金甚至进行名股实债投资，而具备较好产业发展前景、技术实力的初创期企业难以获得资金，基金的产业引导作用未得到有效发挥。五是绩效考核评价机制不完善。产业投资基金不单纯以盈利为目的，应该同时注重产业发展与壮大、税收、增进就业等经济社会效应，而在较多地区的产业投资基金考核机制上较为单一，绩效评价机制并不完善。六是市场化程度不高制约基金效益发挥。目前，我国的产业投资基金基本都是按照“政府引导、市场运作”的方式进行运营管理，但有些地方基金市场化程度不高，制约了基金效益的发挥。产业投资基金的目的是撬动金融与社会资本，引导当地产业结构调整和经济发展方式转变，但有些地方参照专项资金的管理方式，采取行政手段管理产业投资基金，盲目要数量、上规模，有的还限定了极为严格的投资特定地区、特定行业和特定阶段，有的甚至提出了财政出资不能亏损、国有资本保值增值等偏离市场化的目标需求，导致基金管理机构没有自主决策权，影响了政府投资基金投资运作和效益发挥。七是退出机制不够健全，退出难问题。产业投资基金所投项目的退出方式有IPO[①]、股权回购、企业并购和清算等。目前高收益主要退出方式仍是IPO，但IPO项目占极少数，多数项目退出为股权回购，少量、一般项目通过企业并购、清算退出。产业投资基金既面临兼顾政

① 首次公开募股（Initial Public Offering，简称IPO）。

策目标投资项目质量一般，退出难度较大，又面临投资项目偏早期、退出周期较长的难题。八是专业人才匮乏影响基金管理效能。相比市场化基金而言，产业投资基金兼顾政策目标与经济效益，既要坚持市场化运作，又需注重财政资金安全，对运营管理的专业化要求更高。随着产业投资基金纷纷设立，各地对高端基金专业人才的竞争十分激烈。但目前基金管理与金融投资相关专业人才匮乏的问题比较突出，特别是国内基金、投资人才主要集中在北上广深等金融业发达地区，三四线城市由于投资环境氛围欠缺，又缺乏优质项目，难以吸引优秀的基金管理团队和高端专业人才，不同程度降低了产业投资基金的管理能力。

三、产业投资基金对提升产业基础能力和产业链现代化水平的案例分析

（一）合肥模式

1. 合肥产业投资基金的投向

一是投资京东方。2008 年，合肥市政府拿出当年全年财政收入的 1/3，通过产业投资基金方式投资京东方，助力其建设第六代 TFT-LCD 液晶面板线，这不仅成为京东方高质量发展的转折点，还解决了我国大尺寸液晶面板技术难题，形成比较完整的科技产业链。二是投资新能源。2020 年 4 月，蔚来与合肥市建设投资控股集团有限公司、国投招商投资管理有限公司、安徽省高新技术产业投资有限公司等进行战略合作，就蔚来中国总部入驻合肥达成协议，蔚来在合肥建立总部管理、研发、销售服务、供应链制造一体化基地。蔚来中国总部落户合肥，不仅大幅提升合肥在全球智能电动汽车领域的创新引领能力，还为长三角区域更高质量一体化发展注入了新动力。

2. 合肥产业投资基金的运作分析

一是创新多元化投融资体制机制。合肥市政府充分发挥其建设投资控股集团等国有投融资平台的主力军作用，不断创新多元化投融资体制机制，以市场化为导向，通过战略规划、产业布局、投融并举、资本运作等方式，为合肥重大项目提供投融资服务，成功培育、打造了国内配套最完善的新兴产业基地。此外，合肥市建设投资控股集团还发挥产业布局的职能作用，积极投资推动蔚来中国总部项目落户合肥，与新型显示等战略性新兴产业同频共振，构建产业闭环，为合肥经济、产业高质量发展提供强力支撑。二是推动资本向核心资源和头部企业集中。合肥之所以选择京东方，一方面，京东方虽然持续多年亏损，但在国内始终处于龙头梯队；另一方面，合肥作为一个被长三角边缘化的省会城市，实施产业“突围”，势必要找到一个攻坚产品。2008年，受全球金融危机影响，京东方面临巨大压力，急需资本注入。合肥市政府果断拿出当年财政收入的1/3投资京东方，目的就是推动资本向行业龙头企业集中，寻找撬动产业发展的重要支点。三是形成产业投资的逻辑闭环。从产业经济角度看，不管是显示产业还是新能源汽车产业，每个产业都契合合肥自身特点，具有产业链上下游联动效应和产业集聚效应。比如，京东方的配套供应商三利谱光电科技公司在选址时，曾经在几个城市之间徘徊，最终定址合肥的主要原因是考虑到集聚效应。现在三利谱给京东方供货可以做到零库存。从循环投资角度看，合肥善于运用资本招商，先是大手笔运用产业投资基金吸引企业落户，后期再将投资所获股份转让实现资本增值，随即再用获利资金继续扩充投资基金并进行产业再投资，逐步形成“产业投资—企业落户—到期退出—扩充资本—再行投资”的投资循环。

（二）苏州模式

与合肥市政府的大手笔投资方式不同的是，苏州市政府自2011年开始尝试发展产业投资基金，至今共设立产业投资基金44只，财政认缴176.5亿元，撬动社会资本规模达到996亿元，匹配比例达到5.6倍。先后在新消费、生物医药、高端显示以及传统产业转型升级等领域投资企业300余家，充分发挥了产业投资基金“四两拨千斤”的作用。截至2020年6月底，苏州产业投资基金所支持的企业中已有60家成功IPO、63家挂牌新三板，并吸引了泓懿医疗等一批科创能力强的优质项目落地。

1. 苏州产业投资基金的投向

苏州产业投资基金充分发挥国资引导作用，通过市场化运作手段，撬动社会资本投资全市新兴产业，为苏州经济社会转型发展提供了强劲动力。从投资领域来看，基金重点关注医疗健康、先进设备制造与物联网、新一代信息技术和新消费等领域。截至2020年8月底，苏州产业投资基金出资的子基金在上述四大板块的投资占比分别为39%、25%、22%和14%。在新消费方面，协立投资（苏州政府产业投资基金参股子基金）从A轮到C+轮，一共对食行生鲜投资近亿元。其中，市级政府产业投资基金投入2000万元。正是得益于财政资金的注入，食行生鲜站点迅速扩张，至今业务站点在苏州、上海、无锡三个城市已布点3400多个，累计为300多万户家庭提供生活服务。在医疗健康方面，苏州产业投资基金战略合作伙伴启明投资，从再鼎医药创立之初便参与了该公司的A轮融资，2016年又参与了B轮投资，先后累计投入3200余万美元，成功吸引再鼎医药全球研发和生产总部落户苏州。得益于苏州良好的生物医药产业基础和政策环境，再鼎医药仅用6年时间，就分别在美国纳斯达克和中国香港二次上市，创造了我国药企赴美上市的最快纪录，被创投界视为“教科书”级的案例。在新一代信息技术方面，2016年由苏州产业投资基金、明善资本以及社会资本共同出资设立的苏州明善睿德投资公司，向苏州波发特电子科技有限公司投资500万元，其中，苏州产业投资基金出资20万元，通过市场化手段引入社会资本480万元。2017年12月，波发特被苏州世嘉科技整体收购，深耕移动通信设备业务，2018年波发特即实现销售收入约7亿元，2020年上半年实现净利润近3000万元（世嘉科技2018年年报、2020年半年报）。

2. 苏州产业投资基金的运作分析

一是搭建“政府＋产业＋资本”一体化发展平台。苏州市委、市政府立足本地雄厚的产业基础和良好的金融环境，在产业投资基金筹建的顶层设计上，谋划了“政府＋产业＋资本”的三位一体战略布局，依托政府性产业投资基金的引导作用，广泛集聚产业要素资源，为全市产业升级、经济转型发展提供原动力。二是推动“金融创新＋企业创新”深度融合。比如，2019年4月，苏州基金（苏州国发集团协同招商银行、江苏银行等发起成立市场化运作的母基金，首期规模120亿元，其中苏州国发集团出资59.4亿元）联合国创开元母基金、苏州高新创投、顺丰、京东以及多家医药上市公司共同发起成立专门支持医药行业基金——丹青二期基金，向普米斯生物技术公司投资8050万元，助推普米斯仅用两年时间就推出第一款抗癌新药“PM8001”申报临床，已经与包括检测中心、药品生产基地等20多家下游服务性企业建立稳定合作关系。“顺风顺水”的背后，是苏州为企业“量身定制”基金支持，以及在项目合作、市场开拓、风险把控等投后管理方面给予强力支撑。产业投资基金的注入，大力促进了金融与产业融合发展。三是强化“基金招商＋金融招商”双轮驱动。以基金为线，串起产业链，形成产业集群，构筑发展新优势。苏州以产业投资基金为突破口，扎实推动产业与金融全方位融合，逐步形成“基金招商、金融招商”的发展新模式。

（三）合肥苏州模式的启发

1. 金融是实体经济的血脉，从无到有培育一个企业更多要依靠政策的支撑。为实体经济服务是金融的天职。不管是合肥模式，还是苏州模式，两者都不约而同地将有限的资金配置到生产效率最高的项目中去，既提高了资本的边际生产率，又促进了技术进步率，进而实现经济增长。比如，合肥用 13 年时间培育京东方，用 2 年时间孕育蔚来，充分诠释了合肥利用产业投资基金支持企业成长的坚定意志。

2. 创新是企业发展的硬核，从小到大孵化一个产业更多要依靠科技的驱动。要突破自身发展瓶颈、解决深层次矛盾和问题，根本出路就在于创新，关键要靠科技力量。苏州、合肥的实践很好地印证了这一点。它们充分发挥政府产业投资基金优势，深入推进金融创新和企业创新的有效融合，走出了一条依托创新推动产业转型升级的路子，很有示范意义。比如，在抓创新资源方面，合肥很好地发挥科研院所的研发作用，以市场化手段，积极引进行业头部企业资源，带动整个产业链从无到有、由弱到强，逐步形成以京东方为龙头的显示产业链，以蔚来汽车、国轩高科、江淮汽车为龙头的新能源汽车产业链，推动合肥在长三角地区实现异军突起。

3. 开放是经济发展的基础，从大到强扶持一个产业更多要符合市场的规律。以开放促改革、以改革促发展，不仅是我国经济持续增长的基本经验，也是合肥、苏州产业链现代化建设不断取得新成就的重要法宝。苏州以开放包容的姿态，借助自身区位、市场、资金和良好产业基础等优势，敏锐捕捉产业热点、创新焦点和企业痛点，通过政府产业投资基金撬动更多资源为有潜力、有技术、有团队的企业和项目进行股权投资，加快推动新兴产业发展和传统产业转型升级。合肥立足长三角，在沪苏浙皖的共同利益诉求中找准自己的定位，以创新、生态和投资上的优势冲破区域发展壁垒，成为中国省会城市经济增长中的一匹“黑马”。

四、提升产业投资基金运作管理水平和助推产业发展效果的政策建议

（一）建议适当延长产业投资基金回收期限

一般而言，产业投资基金的投资期为 4 年，回收期为 4 ~ 6 年，就产业投资基金成立的意义而言，本质在于扶持产业，而非更加注重投资收益。从产业投资基金的投向来看，更倾向投资一些科技含量较高、成长性较好的生产制造、大数据、大健康及文化创意等领域创新创业发展的初创期项目，以及投向具有前瞻性、投资大、回报期长、外部效应明显、风险较高的新兴产业领域项目。以生产制造项目为例，企业从项目备案、拿地、项目审批至项目建成的周期至少为 1 ~ 2 年，项目建成至企业投产运营实现盈亏平衡的周期至少为 3 ~ 6 年，从企业发展的生命周期来看，此阶段正值企业快速成长和发展壮大的黄金期和关键期，诸多被投企业会通过不间断融资来获得持续发展机遇。稍有不慎，企业完全有可能因为资金链断裂失去生存发展机会。在此期间，如果基金退出，投资机构要求企业回购，无疑是雪上加霜，给企业的发展带来灾难性后果。为此，建议基金退出周期适当延长至 6 ~ 10 年，以缓解企业发展资金及退出压力。

（二）聚焦重点领域推进有效投资量质齐升

坚持目标导向、问题导向、结果导向，聚焦关键核心技术领域，突出解决一批“卡脖子”难题；聚焦新能源、新材料、高端装备制造、生物医药、生态环保等产业领域，培育壮大发展新动能；聚焦以 5G、物联网、大数据、云计算、人工智能和区块链为代表的新型基建领域，打好产业基础高级化和产业链现代化攻坚战；聚焦能源、矿产等优势传统产

业，加快推进新旧动能转换；聚焦新技术、新业态、新模式，支持一批“专精特新”中小企业，注重提升行业竞争力。

（三）鼓励发展多元化投资主体并市场化运作

持续深化市场化运作，通过发挥产业投资基金的引导和杠杆作用，撬动更多社会资本投入实体经济，推动经济转型实现高质量发展。结合产业投资基金政策目标，广泛吸引社会出资，形成多元化的出资结构。鼓励国有企业、上市公司、银行、保险公司、资产管理公司、信托公司、有实力的民营企业等投资主体出资参与设立产业投资基金。进一步放宽准入限制，根据不同金融机构功能定位，逐步调整国有股权比例，建立以基金为主体，以项目为基础，各类引导基金、企业和机构参与的多元化投资体系。鼓励产业投资基金与金融机构间的业务合作，探索投贷联动、投保联动、联合投资等多种创新模式，推动产业投资基金与社会资本通过多层次资本市场实现对接。

（四）有序推进产业投资基金优化整合

坚持分类管理原则，针对同一行业投向重合的产业投资基金，加快优化整合力度，下决心淘汰一批管理不规范的产业投资基金；对于未签订合作协议或已签订合作协议但一年内未完成工商登记和首期资金未按要求到位，以及首期资金到位一年内未开展投资业务的产业投资基金进行专项清理，根据有关规定收回财政出资金额；对于已设立但在两年内未达到主管部门批复规模且在下个年度没有融资进展的产业投资基金，要缩减规模；对于运行效益不明显、绩效考核不合格的产业投资基金，要按有关规定更换管理团队或直接进行清退。清退资金可用于经济社会亟须发展领域的基金注资。

（五）依法合规建立决策授权机制，提升决策效率

为更好发挥政府投融资平台公司的专业能力，进一步压实主体责任，政府主管部门应在政策和制度的边界内制定合理的授权机制。以市场化、专业化原则优化决策流程，提升决策效率。对于非因有令不行、有禁不止、不当谋利、主观故意、独断专行等行为造成的判断失误或预期差异根据有关规定和程序予以容错。

（六）建立健全运营绩效考核评价体系

财政部门会同相关部门对产业投资基金实施全过程绩效管理。考核评价按照市场化原则，对不同投向的产业投资基金制定差异化的评价指标。行业主管部门负责做好事前绩效评估，制定绩效目标和绩效指标，开展绩效监控。财政部门可组织对基金开展重点绩效评价，主要评价政策目标实现程度、财务效益和管理水平。绩效自评和重点绩效评价结果作为基金存续、计提管理费的重要依据。

（七）切实强化产业投资基金风险管控

产业投资基金管理机构要健全业务风险评价及预防体系，建立完整的风险管理和内部控制制度，及时防范和化解风险。金融监管部门、审计部门要加强对产业投资基金的日常监管和审计监督，探索建立第三方专业机构参与的风险管理机制，提升风险管控专业化水平，有效防范产业投资基金运营风险。进一步完善产业投资基金监管规则，建立健全决策、执行、监管“三权”制衡体系，强化财政资金使用全程化监督，特别是要加强对资金拨付和投资进度匹配性监督，对于筹备期超过一年的闲置资金提前收回。

（八）建立完善财政资金退出机制

根据产业发展特点，在风险可控情况下，适当延长产业投资基金投资期限，并提前明确规定终止条款，设置量化指标；产业投资基金投资项目若偏离投向或目标领域，主管部门要及时会同有关部门予以纠正；对于运作绩效达不到预期效果、投资进度缓慢或资金闲置超过一年的，财政出资部分要规定择机退出本金和收益；基金未按规定开展业务的，或募集社会资本低于约定下限的，财政出资可提前退出；各级各部门要加强投资项目培育辅导，支持通过 IPO、注入上市公司等方式退出。对于存续期满、被投项目有回购意愿但又存在资金困难的，依据市场规律再适度平衡投资收益。

（九）进一步完善公司治理结构

一是进一步完善基金公司的治理。基金公司由多元化投资主体共同投资形成，应建立完善的公司治理结构，政府部门派出的董事等需具备相关的知识及经历并报备，既保障股东的知情权，又提高董事会决策效率，并落实派出董事的决策责任，同时给予经营层充分的授权，不过分干预具体的运营工作。二是完善基金管理公司的激励约束机制。大力推进团队持股、强制跟投、超额收益分成等市场化机制，充分调动管理团队的积极性和创造性，将团队利益与基金利益充分绑定，为基金创造好的业绩。三是打造市场化运作机制。产业投资基金的募资、投资、投后管理、清算、退出等都要通过市场化运作，由基金管理人进行管理，明确基金管理人的选择方式和奖惩机制。

执笔人：胡　庆

政策二

加强技术改造为产业链现代化做好支撑

技术改造是企业永恒的主题。技术改造是企业采用新技术、新工艺、新设备、新材料对现有装备、设施、工艺及生产服务等进行改造提升，淘汰落后产能，实现内涵式发展的投资活动，是实现技术进步、提高生产效率、推进节能减排、促进安全生产的重要途径。

一、技术改造的作用与意义

国家及企业间的竞争本质上是技术的竞争。技术改造投资就是在企业固定资产更新中实现技术改造，缩短与先进国家及企业的差距。技术改造作为调节产业结构促进产业升级的重要抓手，对企业智能化、高端化、服务化、品质化、绿色化，对加快经济增长、提升自主创新能力、优化投资结构、增加有效供给、扩大消费需求、发展进口替代产品、促进节能减排、提高质量效益、推进新旧动能转换具有重要意义，是推进转变发展方式，实现高质量发展的重要举措。

二、技术改造状况及其效果

（一）技术改造投资资金来源

技术改造投资也称“更新改造投资”。技术改造投资资金来源主要有6方面：①企事业单位拥有的更新改造资金；②企业主管部门集中的折旧基金和其他用于更新改造的资金；③各级财政部门用于支持技术改造资金；④银行提供的技术改造贷款；⑤通过各种方式与途径利用的国外资金；⑥社会筹措用于技术改造的资金。

（二）技术改造投资规模及地区分布

2011～2018年我国规模以上工业企业技术改造经费支出，如图1所示。

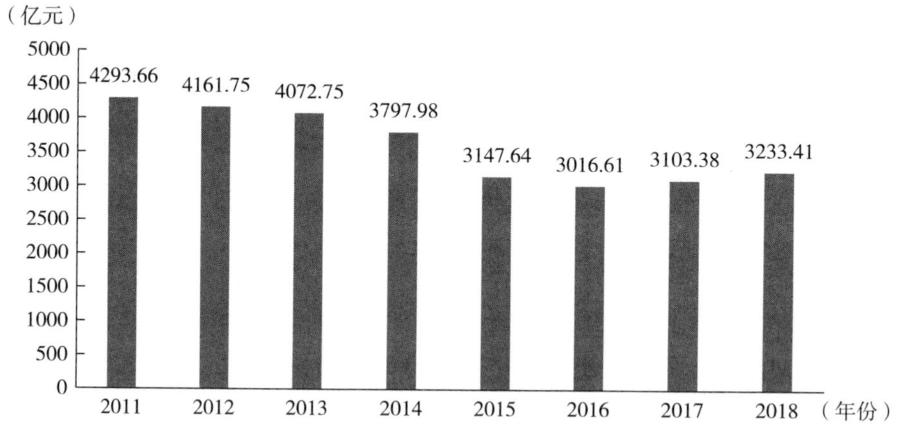

图1　2011～2018年规模以上工业企业技术改造经费支出

资料来源：国家统计局。

2018年我国东部地区、中部地区、西部地区和东北地区规模以上工业企业技术改造经费支出比重，如图2所示。

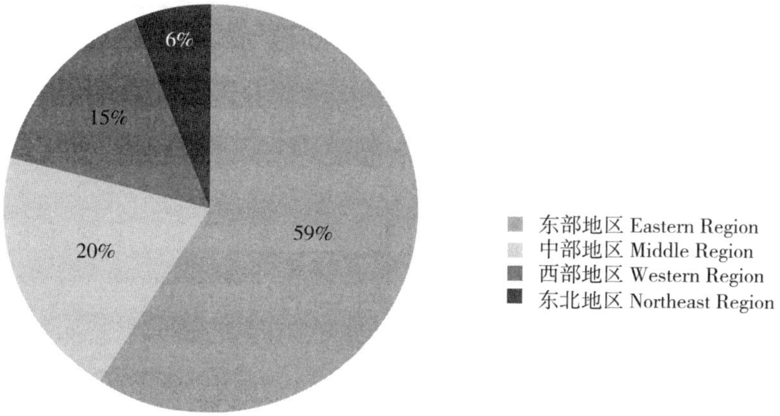

图 2　2018 年各地区规模以上工业企业技术改造经费支出占比

资料来源：国家统计局。

2018 年全国 31 个省区市规模以上工业企业技术改造经费支出及具体数值，如图 3 和表 1 所示。

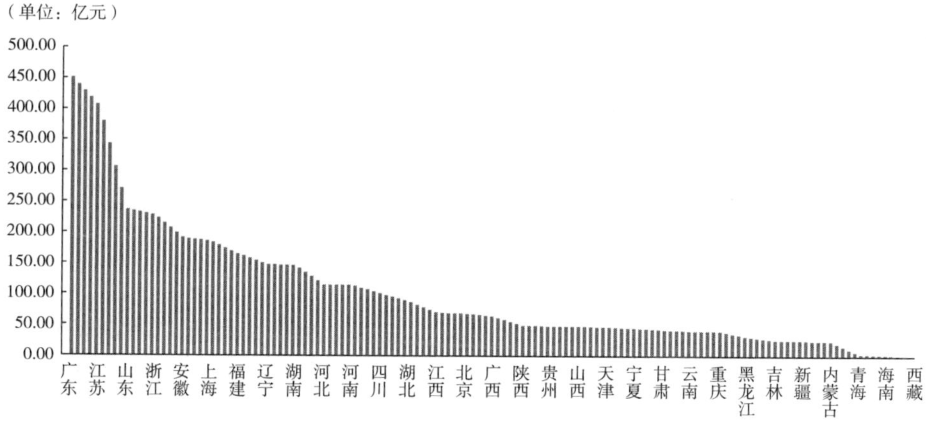

图 3　2018 年各个省份规模以上工业企业技术改造经费支出

资料来源：国家统计局。

表 1 2018 年各个省区市规模以上工业企业技术改造经费支出

地 区	技术改造投资值（亿元）	地 区	技术改造投资值（亿元）
广 东	452.88	陕 西	48.94
江 苏	402.28	贵 州	47.71
山 东	236.26	山 西	47.53
浙 江	227.16	天 津	46.15
安 徽	189.98	宁 夏	44.74
上 海	185.19	甘 肃	41.84
福 建	163.54	云 南	40.33
辽 宁	147.45	重 庆	39.91
湖 南	146.13	黑龙江	31.02
河 北	114.17	吉 林	25.38
河 南	114.04	新 疆	24.58
四 川	100.07	内蒙古	23.42
湖 北	87.68	青 海	3.17
江 西	69.07	海 南	1.31
北 京	68.00	西 藏	0.0022
广 西	63.48	—	—

（三）技术改造的效果

多年来，中央、各地、各有关部门积极推动企业加大技术改造投资力度，有力地促进了企业技术水平的提高，增强了重点行业、重点企业、重点产品的竞争力，推进了产业集群的发展，为经济的持续快速发展发挥了重要作用。

“十三五”时期，我国技术改造投资逐年增加，推动了产业结构优化。高技术制造业增加值占规模以上工业比重提高至 14.4%。太阳能光伏、轨道交通装备、特高压输变电装备、核电装备等重点产业链优势明显，新能源汽车、工业机器人、人工智能、风电装备等发展迅速，加快向价值链中高端迈进。

同时也要看到，我国多数企业技术创新能力仍十分薄弱，产业层次低的问题日益突出，资源环境和市场约束不断加剧，加快经济结构调整和产业升级势在必行。当前，我国经济发展内外部环境正在发生深刻变化，新时期、新形势对技术改造提出了更高的要求，企业技术改造工作尚存在认识有待深化、长效机制亟待建立、投资方向缺乏有效引导、管理体制需要进一步理顺等问题，必须采取切实措施，抓紧研究解决。通过大力实施技术改造，提升技术创新能力，着力突破影响经济发展的结构性和素质性矛盾制约，推进经济增长方式从粗放型向集约型转变，推动产业链、供应链现代化，是推动经济高质量发展的迫切要求。

三、技术改造促进产业链现代化的思路与目标

（一）思路

在“强国”目标指引下，以经济高质量发展为主题，以供给侧结构性改革和需求侧管理为主线，按照存量提升、增量优化、集约发展、平稳增长的原则，坚持市场主导与政府引导相结合，技术创新与技术改造相结合，改造传统产业与发展新兴产业相结合，突出重点与全面提升相结合，着力发展高新技术产业与战略性新兴产业，着力运用高新技术和先进适用技术改造提升传统产业，着力加强重点行业、企业、产品的技术改造，着力推进关键、共性技术的产业化应用，促进产业结构优化升级和经济增长方式转变。编制重点技术改造升级项目导向计划，引导社会资金、资源等要素投向，采取产业投资基金等多种方式支持技术改造。针对不同领域，统筹采取多种模式，提升国家支持技术改造资金的使用效益。持续优化社会资本投资技术改造的政策环境。

（二）基本原则

1. 对接国家战略原则。深入贯彻落实十九届五中全会精神，加快制造强国建设步伐，推动实现经济发展由数量和规模扩张向质量和效益提升转变。培育壮大新兴产业，推动重点领域率先突破；优化升级传统产业，促进全产业链整体跃升；加快发展现代服务业，促进制造与服务协同发展；大力推进智能制造与工业互联网建设，促进信息化与工业化深度融合，促进工业化与互联网深度融合。

2. 持续发展原则。既要立足当前，针对我国产业发展的瓶颈和薄弱环节，加快转型升级和提质增效，提高产业核心竞争力和可持续发展能力；又要兼顾长远，把握产业变革趋势，特别是把握新产业革命与我国实施强国战略形成历史性交汇的趋势。

3. 重点突破原则。选择各行业中具有基础性、战略性、全局性的领域，着力掌握关键核心技术，完善产业链条，围绕经济社会发展和国家安全重大需求，突出重点，率先突破。加大投入支持传统产业技术改造，集中力量突破关键共性技术和基础零部件、工艺和材料，瞄准新一代信息通信技术、高档数控机床和机器人、先进轨道交通装备、节能与新能源汽车、新材料、生物医药等重点领域，促进我国产业迈向全球价值链中高端。

4. 市场主导原则。全面深化改革，充分发挥市场在资源配置中的决定性作用，强化企业主体地位，激发企业在产业升级和技术改造中的活力和创造力；积极转变政府职能，加强战略布局和规划引导，落实竞争中性原则，加强公正监管，促进各类市场主体公平竞争，为企业发展创造良好生态环境。

（三）主要目标

2021 ~ 2025 年，力争技术改造投资年均增长 10% ~ 15% 以上。投资结构进一步优化，对产业升级的推进作用更加明显。主要行业和骨干企业的技术装备达到国际先进水平；主要行业技术创新能力、产品质量、经济效益较大提升。重要领域、重点行业的关键性和共性技术的开发应用取得较大突破。重点企业综合竞争力进一步提高，努力形成一批技术创新能力和产品市场占有率在全球同行业领先的龙头企业。技术改造对结构调整与增长方式转变的作用进一步增强。

四、技术改造在产业链现代化中的着力点

技术改造在产业链现代化中的着力点应突出重点产业、重点企业和重点产品，聚焦新技术、新工艺、新装备、新材料等核心要素和关键环节，高起点、大规模、有组织推进企业技术改造，在规模效益、创新能力、产业结构优化和绿色发展等方面取得实质性进展。

（一）加速科技成果转化

推进创新成果转化。以发明专利、引进先进高端技术成果、消化吸收再创新的技术成果等为重点，通过技术改造推动创新成果转化应用。

坚持技术改造与科技创新相结合，提升发展新动能。政府层面，建设生产创新中心、开发系统研发平台、搭建技术研发中心、建设应用示范中心。企业层面，鼓励企业加大研发投入，引导龙头企业、优势企业参与国家科研攻关项目和重大创新工程，不断提升企业研发能力和技术集成能力。

坚持技术改造与智能制造相结合，推进产业向中高端迈进。围绕具有比较优势的重点领域，开展一批协同创新和联合攻关，积极推进具有先进制造技术的科技成果加速转化。

（二）支持先进产能扩张

牢牢把握国家大力推进新产业革命的机遇，支持先进产能扩张，鼓励全球行业巨头、央企集团、国内行业领军企业按照国家鼓励类产业目录投资新兴产业，支持先进适用技术改造提升产业链薄弱环节。

（三）拓展延伸产业链条

进一步突破技术瓶颈，围绕新兴优势产业链，制定关键零部件、关键原材料和核心技术等目录清单，组织企业和高等院校、科研院所等攻克一批关键共性技术，开发一批新产品，制定一批新标准。对照工业新兴优势产业链龙头企业名录和强链、延链、补链目录清单，聚焦500强企业，引进一批重点企业和重点项目，以拓展延伸产业链条。

（四）提升装备、工艺、软件水平

引导带动企业由单纯设备更新改造向软硬件全流程改造提升转变，以点带面促进企业技术改造升级。将固定资产投资以外的软件、专利等软性投入纳入支持范围，引导企业由单纯设备更新改造向软硬件全流程改造提升转变。

突出智能制造主题。深入推进互联网与制造业融合发展，大力推广两化融合管理体系贯标对标工作，在石化、有色、建材等传统制造业领域，大力实施数字化网络化智能化改造。

（五）改善产品结构

通过推进优势特色产业协调发展改善产品结构。重点围绕改造升级“老字号”、深度开发“原字号”、培育壮大“新字号”，加强重点项目谋划和推进工作力度。大力实施“三品”工程，提高品质、打造品牌、形成优势。鼓励支持冶金、有色、化工等原材料产业研发新品、打造精品。

（六）提升数字化、智慧化水平

通过打通行业全要素、全产业链和全价值链的全面连接，支持数字化管理、网络化协同、服务化延伸、智能化生产及产融结合等新模式发展。围绕流程优化、供应链协同优化、智能生产管控、工艺及能耗管理、设备预测性维护等构建智能工厂解决方案。

支持新技术、新产业推广应用。培育和推广工业互联网平台。推动大企业"双创"，培育基于工业互联网平台的制造业"双创"模式。扶持机器人产业发展，新增机器人应用，培育新能源汽车产业发展。

引导传统行业加快以智能制造、绿色制造为主的升级改造，推动传统制造模式加快向现代制造模式转变。

推进智能车间和智能工厂建设。鼓励引导企业对应用自动化、智能化装备和系统、软件进行智能化改造。引导企业建设覆盖生产全流程、管理全方位和产品全生命周期的智能制造示范工厂。

（七）提升集聚集约水平

注重先进产业集群培育，鼓励引导集群龙头骨干企业加快实施技术改造，推动强链补链，提升产业高端化发展水平，从而实现产业集聚集约水平的提升。确定基础较好的集群作为重点培育对象，分别制定培育方案，在集群发展目标、增强创新能力、加快改造提升、培育骨干企业、推动制造与服务协同发展、强化政策支持等方面细化工作任务和措施。按照强链补链目标要求，突出产业链关键环节、薄弱环节、缺失环节，摸排建立集群重点技术改造项目库，推进重点项目建设。支持省级以上工业园区公共服务平台建设。重点支持智能系统检验检测、技术攻关、节能环保等领域的公共服务平台，促进公共服务能力提升。

（八）推进节能减排绿色制造

坚持技术改造与节能减排相结合，培育发展绿色制造。以减量化、再利用、资源化为重点，组织实施一批节能技术改造和循环经济技术改造项目，提高资源利用效率。

加快淘汰落后产能。适当提高淘汰标准门槛，辅以实施奖励政策，支持企业主动淘汰一批技术、经济环保和安全指标相对落后的低端低效产能。通过企业分类综合评价，相应实施差别化电价、水价、排污费等措施，倒逼企业技术改造升级。

持续推进企业绿色化改造。实施能源消费总量和强度“双控”，认真落实“蓝天保卫战”和“水污染防治攻坚战”部署。以智能化改造推动企业绿色转型升级，加快构建绿色制造体系，创建绿色工厂、绿色设计产品、绿色园区、绿色供应链。增加循环化改造试点园区，园区开展循环化改造。综合运用政策激励、节能执法和差别化电价等措施，推广使用高效节能电机、变压器等用能产品。

（九）发展生产性服务业

支持服务型制造公共服务平台建设。依托并整合现有资源，探索技术产业化新模式。建设基础数据库，增强公共服务能力。分区域、差异化创建新型工业化产业示范基地。

培育工程技术服务力量。认定智能化改造工程服务企业，认定智能化改造工程服务企业，采用市场化的办法，引导工程服务企业为企业改造升级提供技术服务。

建设产业网络化协同制造服务平台，开展创新设计、质量动态检测、共性技术研发等生产性服务。发展研发设计、创业孵化、知识产权、科技咨询等服务业。积极开展智能制造系统集成供应商培育工作，通过现场对接、专家培训、工程咨询等方式，引导工程集成供应商参与企业智能升级改造。

（十）促进产业融合

加快推进产业数字化、数字技术与制造技术融合发展。坚持技术改造与两化融合相结合，促进产业转型升级。加快推动新一代信息技术在研发、设计、制造、营销、服务等领域的应用，支持有条件的企业实施数字化改造。

五、相关政策建议

（一）强化规划引导

强化顶层设计，加强政策引导。以扩大先进产能、支持科技成果产业化、推广智能制造、加快设备更新等为主要任务，在传统产业开展技术改造，明确工作目标和重点方向，推动企业装备升级、技术升级、产品升级。实施技术改造考核激励措施，对技术改造工作成绩突出的政府实施奖励，并将奖励资金全部用于企业技术改造项目建设。对年度财政资金支持项目进行现场检查和绩效评价，形成年度资金项目绩效评价报告。

持续实施重点技术改造项目。围绕智能制造、服务型制造、绿色制造、工业强基和重点产业改造提升等重点，引导开展技术改造。实施工业强基工程，着力提升关键基础材料、核心基础零部件（元器件）、先进基础工艺和产业技术基础等工业基础能力，解决产业突出短板。开展引导企业转型活动。按照“因地制宜”原则，指导规模以上工业企业制定转型升级方案，明确技术改造方向、路径、目标，推进规上企业全部实施一轮技术改造。

组织实施智能化改造示范项目。遴选确定智能化改造示范项目，对列入示范的项目，地方在专项资金安排上给予倾斜，并落实各市、县同步实施一批当地的示范项目，以示范项目带动其他企业实施技术改造。

组织召开智能化改造专题现场会，通过让同行业企业实地参观示范项目的生产线、现场听取工程服务公司、示范项目实施企业的经验介绍、先进适用装备展示等方式，打消企业的顾虑，调动企业的积极性，促进了各行业整体改造升级。

聚焦新一代电子信息、高端装备、智能家电、新能源汽车、新材料、节能环保、生物医药和高性能医疗器械等高端制造业，冶金、化工、建材、纺织、食品加工等传统产业，实施工业强基、高端制造、智能制造、绿色制造、精品制造、服务型制造等工程，科学规划每个产业在每个领域的重点路径、重点企业、重点项目、重点区域，绘制多方位的推进路径关联度图谱，不断优化技术改造的总体思路、目标任务、发展重点和保障措施。

（二）加大财政支持力度

强化投资引导。围绕产业发展重点领域、关键环节，实施产品换代、智能制造、绿色制造等工程，强化企业投资导向，推动产业增长方式转变。加大财政资金支持力度，集中力量办大事，支持技术改造项目，带动社会投资。

优化财政政策，着力发挥其引导和放大作用。针对融资环境趋紧导致原有贴息政策门槛提高、覆盖面变窄的问题，及时推出覆盖面更广、普惠性更强、指向更明确、操作更便捷的技术改造综合奖补政策。综合奖补政策与企业设备投资额和新增财政贡献挂钩，不限定行业，对内外资一视同仁，突出设备、强调贡献、侧重事后、简单易行，最大限度地减少自由裁量权。

建立产业基金支持产业发展。设立技术改造投资基金，按照“政府引导、市场运作、扶持产业、滚动使用”的原则，引导支持传统产业改造升级。基金采取市场化运作模式，由专门的基金管理公司运营管理，全面开展项目投资。

持续优化资金使用形式。创新资金支持形式，支持企业购置生产设备，避免项目不能按计划完成投资造成无法验收的风险。规范评审流程，可采用财务专家集中评审、会计师事务所全覆盖开展现场专项投资审计、项目总数 5% 比重交叉复核，提高项目评审科学性、真实性。

（三）落实现行税收优惠政策

在税收、用地、用电、融资等方面为实体经济、民营经济发展提供全力支持，增强企业开展智能化技术改造信心。以企业上年度主要税种入库税收额与新增税收额、固定资产投资额作为奖补资金安排依据，充分体现公平普惠原则。

（四）拓宽融资渠道

常态化开展“技术改造政策进一线”活动，深入精准面向企业提供实战化、针对性指导服务，提高政策可及性及知晓面。创新开展政银企融资对接服务，促成技术改造项目获得“技术改造贷”，支持银行专门发布“设备升级专享贷”新产品，组织企业与银行进行点对点对接，精准服务企业设备融资，促进财政、金融政策同向协同发力。

搭建企业对接平台。举办政银企技术改造项目对接会，向金融机构发布技术改造项目，引导创新推广金融产品。积极开展项目跟踪服务，确定重点技术改造项目，建立目标责任制度，按行业、区域开展项目跟踪服务，逐级分解落实责任，推进项目建设和年度投资计划落实，及时协调解决项目建设中存在的问题。

设立产业转型升级投资基金，在人工智能、计算、新材料、传感器等领域支持一批技术改造项目，以市场化的形式支持企业技术改造。推动国家先进制造业基金、产业转型升级发展投资基金等与技术改造项目对接。

（五）加大用地扶持

通过落实土地指标，用于奖励产业投资和技术改造工作做得好的地区，推进产业数字化改造提升工作，推动地方加大新兴产业培育和传统产业改造提升。鼓励企业在产业转移同时进行智能化技术改造升级。

（六）完善管理机制

压缩技术改造项目取得规划设计条件到获取施工许可证的审批时间。取消技术改造项目备案前置条件，实现项目备案在线平台全程网络快速办理。将产业投资和技术改造投资增速纳入对政府的考核目标，层层压紧压实责任，确保目标细化到岗位、分解到项目，确保任务顺利完成。建立完善联系指导重点产业工作推进机制，成立重点领域产业培育工作专班，充分发挥产业推进机制对创新生成项目、协调推进项目、保障投产项目的突出作用。完善健全部门间工作机制。重点围绕改建与技术改造、扩建、迁建、购置设备、恢复等五方面建立技术改造投资统计指标体系。

加强投资运行监测分析预判、项目推进协调服务和投资进度督查督导，对发现的问题，及时做好工作指导和督促落实整改。建立项目专员制度，加强项目分类跟踪管理，对列入重点工业投资项目计划的项目，按月度进行跟踪。建立重大项目在线跟踪机制，通过信息平台进行月度在线跟踪，及时掌握了解、协调解决项目实施中存在的问题。

执笔人：魏际刚

产业篇

产业一

提升高端数控机床产业基础能力和产业链现代化水平

机床是制造机器的机器，也是能制造机床本身的机器。其中，金属加工机床中的高端数控机床是整个工业体系的基石和摇篮，处于国家制造业产业链的核心环节，是一个国家制造业水平和综合竞争力的重要体现。我国机床行业规模巨大，是全球重要的机床大国，但高端数控机床与全球先进水平相比仍存在着较大的差距，是我国产业链供应链的重要短板环节。

一、我国高端数控机床与全球先进水平的差距持续存在

机床包括金属加工机床，还包括铸造机、木工加工机床等，通常所说的机床一般指金属加工机床。金属加工机床一般又分为金属切削机床和金属成形机床。其中，金属切削机床数量最多、使用最为广泛，经常被称为“工业母机”，狭义的机床即指金属切削机床。金属加工机床按控制方式又可以分为传统机床和数控机床，传统机床主要是手工操作的，而数控机床是采用通用或专用计算机实现数字程序控制的机床，能够按照事先编制好的加工程序，自动地对被加工零件进行精密加工，高端机床几乎都属于数控机床（见图1）。

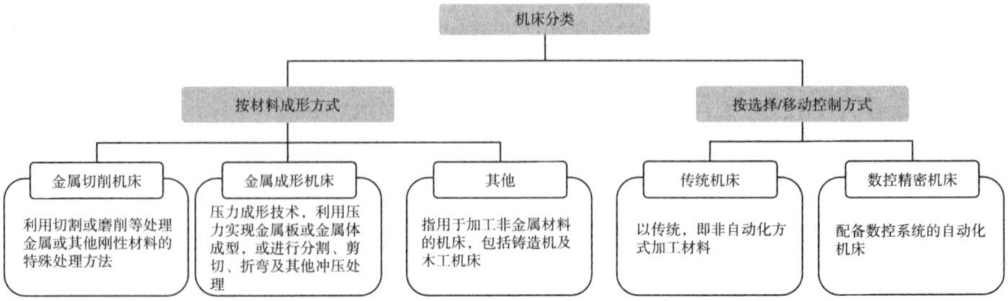

图 1　机床分类示意图

资料来源：鲁佩、赵志铭、宝玥娇,《国产中高端数控机床扬帆起航》。

（一）我国已经成为全球机床产量最大国家，但产量呈现触顶回落态势

21 世纪以来，我国机床产业快速发展。从金属切削机床产量看，2000 年时我国年产机床 17.7 万台，此后快速增长，到 2007 年时，数控金属切削机床年产量即达到 64.7 万台，居世界首位。2011 年我国金属切削机床产量达到峰值，当年产量高达 88.7 万台，平均每年增长 15.8%。此后，随着我国经济进入工业化后期，进入经济发展新常态，机床产量逐年下降，到 2019 年，已经降至 42.1 万台，与 2011 年相比下降了一半左右（见图 2）。

从产值看，我国机床同样经历了触顶回落的过程。2011 年，我国金属加工机床产值达到 283 亿美元的峰值，此后呈现波动下降态势。2015 年达到阶段性低值，降至 221 亿美元，2016 年和 2017 年有所反弹，至 245 亿美元，但 2019 年又大幅度回落至 194 亿美元（产值仍居世界第一位，2019 年全球排名第二的德国机床产业产值约为 140 亿美元）（见图 3）。

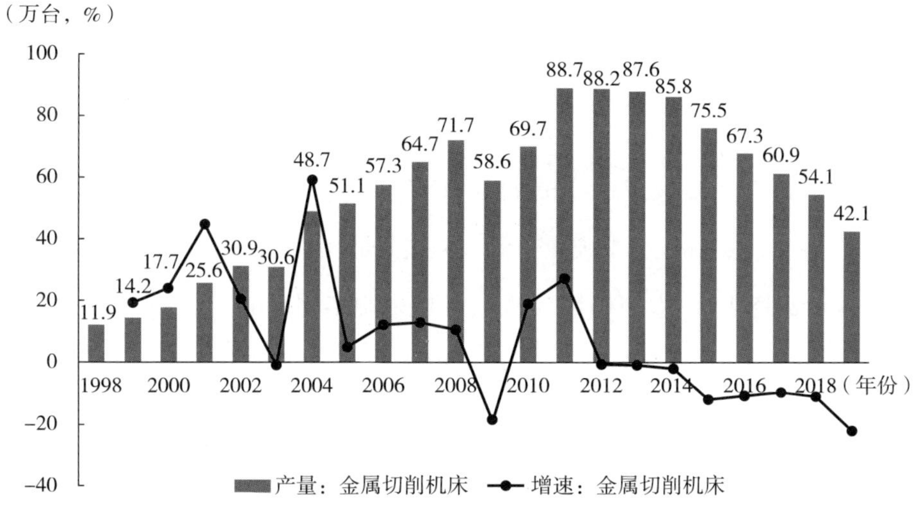

图 2　我国历年金属切削机床产量

资料来源：WIND 资讯。

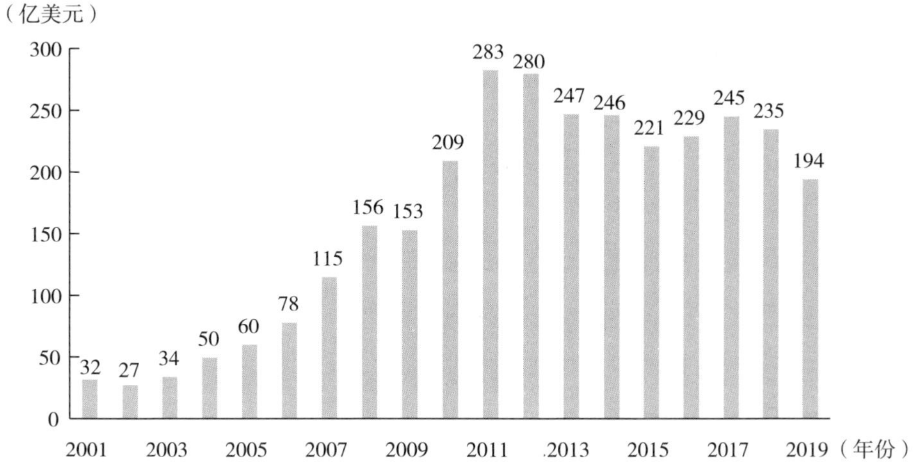

图 3　我国机床产值

资料来源：根据中国机床工业工具协会及 Gardner 公司数据。

（二）高档数控机床大量依赖进口的局面尚未根本改变

1. 高档数控机床的定义及发展方向

机床分级时，经常采用中高端、低端的概念，业内也经常使用高中低档机床的概念。本文中，对高档机床和高端机床的概念不作严格区分。关于高中低档数控机床的划分目前还不存在一个普遍认可的统一、权威性标准，实际上，机床的档次本身也是相对的概念。根据杨正泽、李向东（2018）①，中高档数控机床是指采用半闭环的直流伺服系统及交流伺服系统、2 ~ 4 轴或 3 ~ 5 轴及以上、具有通信和联网功能或具有三维图形显示功能的数控机床。

总体来看，智能化、集成化、高速化、高精度化、绿色化是高档机床的发展趋势。数控机床的智能化是指机床具有“自感知、自诊断、自调节、自适应和即时网络通信”的功能；集成化是指把原来需要多台机床实现的功能集成到一台机床上实现，也称为复合化；高速化是指数控机床要适应一些加工速度要求越来越快领域的需求；加工精度是衡量机床设备技术水平的一项最重要指标，高品质的金属切削机床必须具备高精度的加工能力和精细的加工工艺；绿色化是指机床的全生命周期，特别是使用过程应该是绿色环保，包括尽量减少废品废料，降低噪声污染等（见图 4)。

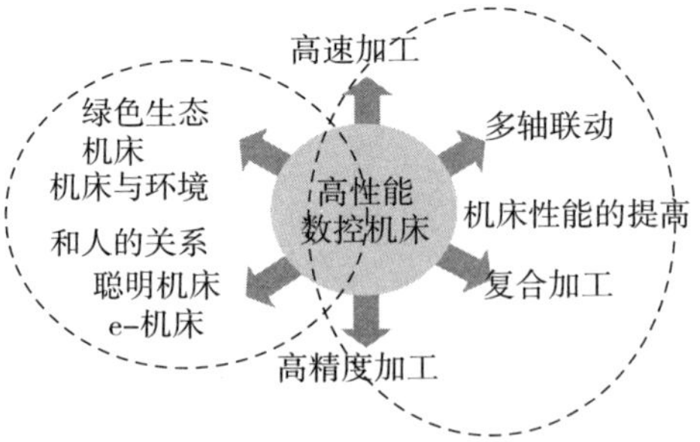

图 4 数控机床的发展方向

资料来源：中国机床工具协会专家，邵钦作供图。

---

① 杨正泽、李向东，《高档数控机床和机器人》，山东科学技术出版社，2018。

2. 我国高档数控机床仍然主要依靠进口

虽然我国机床行业规模处于世界第一位，但自主创新能力和核心技术与发达国家相比还有一定的差距。国内厂商主要是以中低端产品为主，高端机床包括高端的数控系统、液压、润滑、刀具、导轨、丝杠等配套产品，仍然需要大量进口，关键零部件大多来自德国、日本的相关企业。鲁佩等（2020）认为[①]，目前中国机床消费中有 10% 为高档机床，且高档机床基本来源于进口，30% 为中档机床，60% 为低档机床。其中 40% 的中高档机床与目前机床的数控化率基本一致（见图 5）。

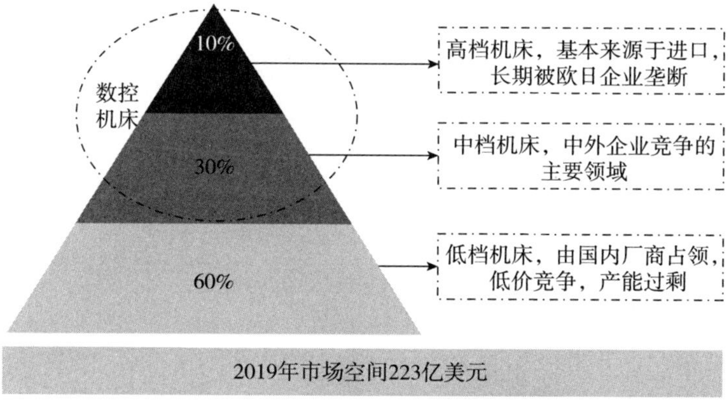

图 5　数控机床的划分及产值份额

资料来源：鲁佩、赵志铭、宝玥娇，《国产中高端数控机床扬帆起航》。

机床进口规模和占国内机床消费比重的变化既反映了我国机床的发展成就，也体现了我国高档机床的短板。2001 ~ 2009 年间，我国国产机床的生产规模持续较快增长，用于国内消费的规模也持续扩大，相应地，进口机床在国内消费中的占比明显降低，特别是 2006 ~ 2009 年间，在我国机床消费中，来自进口机床的份额从最高的 2006 年 55.2% 下降至 30% 左右。但 2009 年以后，进口机床占国内消费的份额始终保持

① 鲁佩、赵志铭、宝玥娇，《国产中高端数控机床扬帆起航》，华创证券研究报告，2020 年 9 月 20 日。

在30%左右，2019年我国机床进口72.9亿美元，占国内消费的比重为32.7%（见图6）。

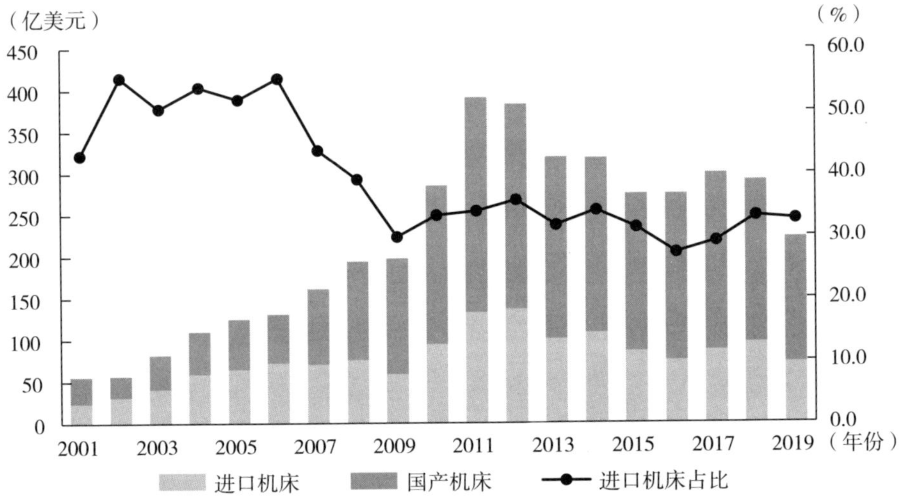

图6 国内机床消费中的进口机床和国产机床规模及份额

资料来源：根据中国机床工业工具协会，Gardner公司数据。

3. 我国高档数控机床的差距仍然较大

从同种机床进出口单价的比较看，我国高档机床与世界先进水平的差距还很大。例如，从卧式加工中心（HS：84571020）进出口数据看，2009年，我国进口卧式加工中心1615台，进口金额为6.20亿美元，进口价格为38.4万美元/台，同年，我国出口卧式加工中心50台，总计952万美元，出口价格为19.0万美元/台，出口价格为进口价格的一半。而到2019年，我国进口卧式加工中心的价格是40.7万美元/台，和2009年差不多，出口价格为13.3万美元/台，仅为进口价格的1/3（见图7）。

再如广泛使用的数控卧式车床，2009年，单台进口价格是12.3万美元/台，而出口价格约1.5万美元/台，到2019年，进口价格上升到15.5万美元/台，而我国的出口价格自2014年后还略有下降，2019年只有 3.0 万美元 / 台，仅为进口价格的 1/5（见图 8）。其他许多机床，例如立式加工中心、龙门加工中心、数控立式车床等，进出口价格都有较大差距。

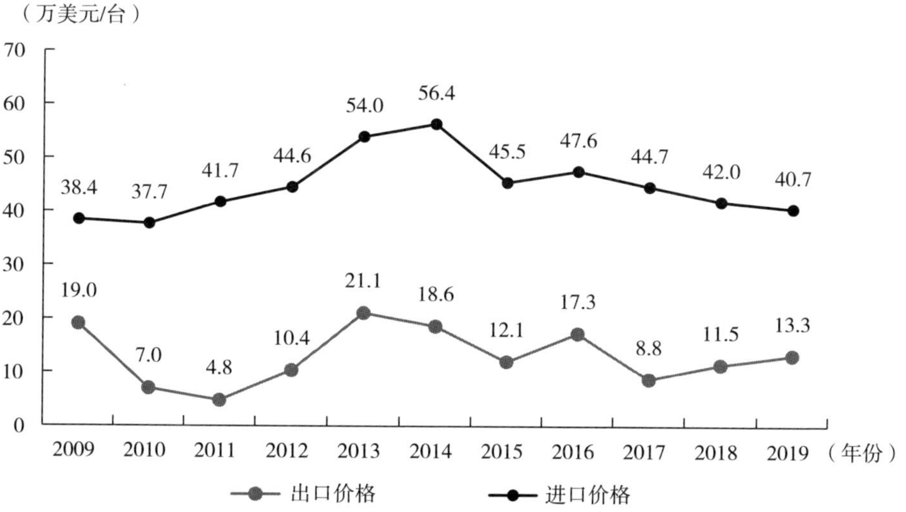

图 7　我国"卧式加工中心"的进出口单价比较

资料来源：海关统计数据在线查询平台，历年中国机床工具工业年鉴。

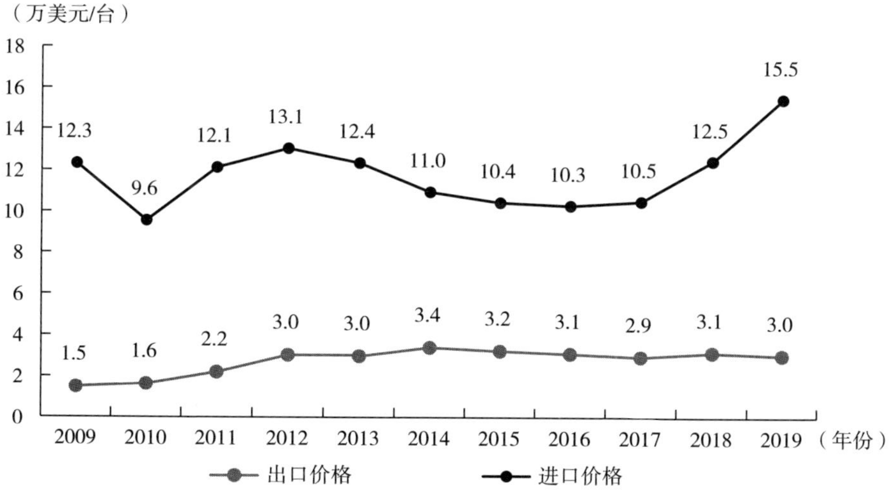

图 8　我国"数控卧式车床"的进出口单价比较

资料来源：海关统计数据在线查询平台，历年中国机床工具工业年鉴。

王节祥等（2019）的研究发现，虽然从国际市场占有率来看，我国数控机床产品在国际市场上已占有一席之地，已经成为一个数控机床规模大国，但从贸易竞争指数来看，我国大部分数控机床产品的国际竞争力很弱，与数控机床强国的差距较大，只有少数几种数控机床具有较强的国际竞争力。从价格比率来看，我国数控机床产品的质量与附加值较低，处于全球价值链的低端环节（见图9）。

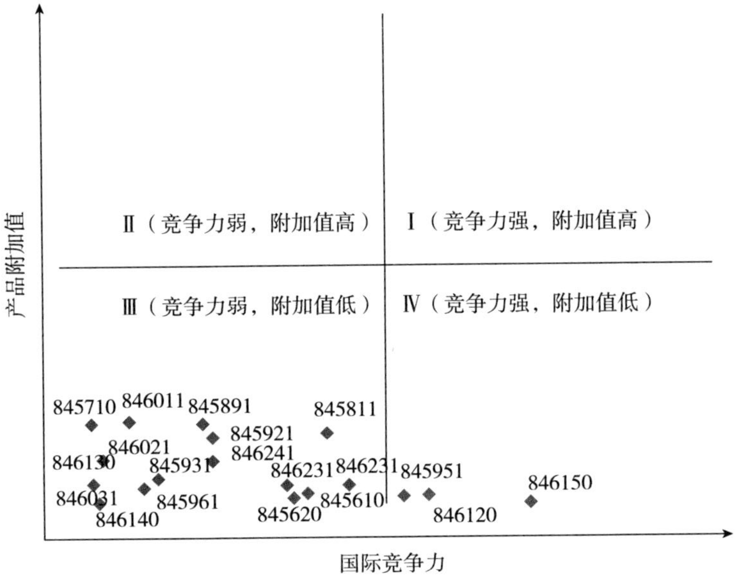

图 9　中国 2016 年数控机床产品竞争力与附加值分布图

资料来源：王节祥等，2019,《中国数控机床产业国际竞争力比较研究》,《经济地理》，第 7 期。

（三）我国机床龙头企业在全球的位置有所下滑

机床作为工业发展的基础支撑，从中华人民共和国成立起就受到了高度重视，在“一五”期间的“156 工程”项目中，即建设了 18 家国有机床厂，覆盖了组合机床、车床、钻床、镗床、铣床、齿轮机床、磨床、刨床等主要领域。这些机床厂，在相当长时间内为我国工业化发展做出了巨大的贡献，并成长为我国机床行业的龙头企业。2011年，我国沈阳机床、大连机床的产值分列全球机床企业的第1位和第4位，成为具有国际影响力的重要企业（见表1）。

表1　2010年前后世界金属加工机床产值前10的企业

排名	公司名称	国家	财年结束期	机床产值（亿美元）
1	沈阳机床	中国	2011年12月	27.83
2	山崎马扎克（MAZAK）	日本	2009年3月	25.25
3	通快（TRUMPF）	德国	2011年6月	23.92
4	大连机床	中国	2010年12月	23.80
5	天田	日本	2012年3月	23.36
6	小松	日本	2011年3月	22.62
7	吉特迈（Gildemeister）	德国	2011年12月	22.13
8	捷太格特	日本	2011年3月	20.12
9	森精机	日本	2012年3月	19.69
10	大隈	日本	2012年3月	17.85

资料来源：中国机床工具工业年鉴2012，第6页。

近年来，随着2011年以后我国机床产业进入下行通道，不少企业发展遇到了较大困难，尤其是曾经的龙头企业沈阳机床和大连机床均已破产重整，18家国有机床厂要么被并入大的工业集团里，要么被民企并购，只有济南第二机床厂没有受到大的冲击，仍然还保持独立运营。到2019年，全球前10大机床厂中，已经没有我国的机床企业（见表2）。

表2　2019年前后世界金属加工机床产值前10的企业

排名	公司名称	国家	营收（亿美元）
1	山崎马扎克（MAZAK）	日本	52.8
2	通快（TRUMPF）	德国	42.4

续表

排名	公司名称	国家	营收（亿美元）
3	德玛吉森精机（DMG MORI）	德国 & 日本	38.2
4	马格（MAG）	美国	32.6
5	天田	日本	31.1
6	大隈	日本	19.4
7	牧野	日本	18.8
8	格劳博集团（Grob）	德国	16.8
9	哈斯	美国	14.8
10	埃玛克（Emag）	德国	8.7

资料来源：鲁佩、赵志铭、宝玥娇，《国产中高端数控机床扬帆起航》，华创证券研究报告，2020 年 9 月 20 日。

（四）巨大的国内消费市场和政策支持尚未充分支撑机床产业升级

从 2002 年起，我国已经成为全球机床消费最大的国家。2002 年，我国机床消费总额达 56.96 亿美元，占全球总消费的 13% 左右，这一比重在随后的 10 年内持续攀升，到 2011 年，我国机床消费占全球的 39.1%，此后，这一比重有所下降，2019 年进一步降至 25% 以下，但已经连续 18 年成为全球最大机床消费市场，而且消费规模远远超过其他国家。例如，2019 年，全球第二大机床消费市场是美国，消费金额为 97 亿美元，仅为中国的 43.5%（见图 10）。

近年来，国家出台了一系列政策支持机床产业升级发展。2006 年，《国家中长期科学和技术发展规划纲要》（2006–2020 年）就将“高档数控机床和基础制造技术”列入重大专项；2009 年在《装备制造业调整和振兴规划》中提出，要“加快实施高档数控机床与基础制造装备科技重大专项”。一系列文件配合相关的政策措施，从不同角度和方向提出要大力发展高档数控机床及其核心控制和功能部件，为机床行业的发展创造了良好政策环境，并且提供了大量的资金和人力物力支持（见表 3）。

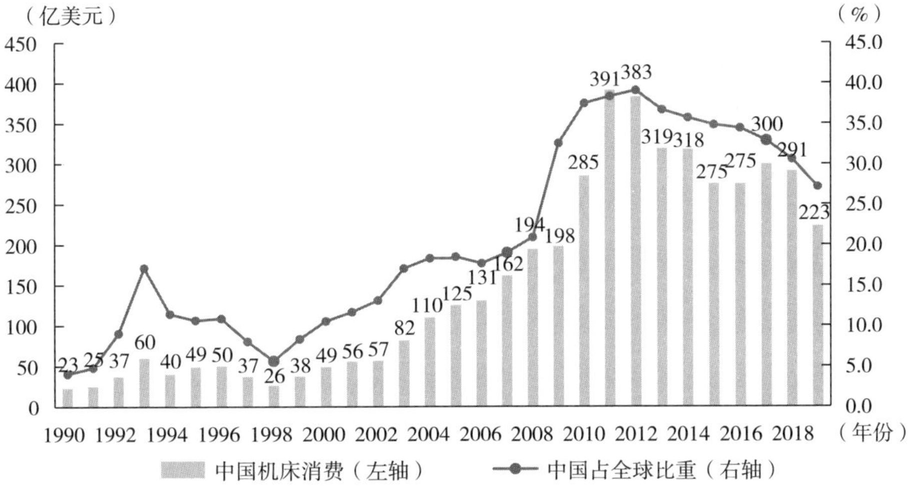

图 10　中国历年机床消费总额及占全球市场的比重

资料来源：历年 Gardner 报告《World Machine Tool Survey》。

表 3　　支持机床产业升级发展的主要政策

政策名称	颁布主体	主要内容
《国家中长期科学和技术发展规划纲要》（2006–2020 年）	国务院	以促进企业技术创新为突破口，通过技术攻关，基本实现高档数控机床、工作母机、重大成套技术装备、关键材料与关键零部件的自主设计制造
《国务院关于加快振兴装备制造业的若干意见》	国务院	发展大型、精密、高速数控装备和数控系统及功能部件，改变大型、高精度数控机床大部分依赖进口的现状，满足机械、航空航天等工业发展的需要
《首台（套）重大技术装备试验示范项目管理办法》	发展改革委	“大型、精密、高速数控装备、数控系统及功能部件”被列入首台（套）目录
《装备制造业调整和振兴规划》	国务院	加快实施高档数控机床与基础制造装备科技重大专项，重点研发高速精密复合数控金切机床、重型数控金切机床、数控特种加工机床等八类主机产品

续表

政策名称	颁布主体	主要内容
《产业结构调整和指导目录（2011 年本）（修正版）》	国务院	精密数控机床及配套数控系统及其他装置列为鼓励发展类
《关于加快推进工业强基的指导意见》	工信部	到 2022 年，工业基础领域创新能力将明显增强，全面提升核心零部件的保障能力
《中华人民共和国国民经济和社会发展第十三个五年规划纲要》	国务院	明确提出重点开发高档数控系统、传感器等主要功能部件
《“十三五”国家战略性新兴产业发展规划》	国务院	加快高档数控机床与智能加工中心研发与产业化，突破多轴、多通道、高精度高档数控系统和伺服电机等主要功能部件及关键应用软件，开发和推广应用精密、高速、高效、柔性并具有网络通信等功能的高档数控机床、基础制造装备及集成制造系统
《装备制造业标准化和质量提升规划》	国务院	强化机床高新技术和安全标准贯彻实施，在机床设计、制造和验收等全过程执行绿色、节能标准
《智能制造发展规划（2016–2020 年）》	工信部 财政部	研发高档数控机床与工业机器人、增材制造装备、智能传感器与数控装备、智能检测与装配装备、智能物流与仓储装备五类关键技术装备
《战略性新兴产业重点产品和服务指导目录（2016 版）》	发展改革委	数控机床及智能基础制造装备被列入智能制造装备产业

资料来源：根据相关文件整理。

二、高档机床发展缓慢、产业升级困难的主要原因

总体来看，我国机床产业有着全球最大规模的市场需求带动，还有长期的国家政策支持，但在高端化发展方面，在产业基础能力提升方面仍然较为缓慢，这与产业特征有关，也与一些体制机制性障碍有关。

（一）产业自身特点决定了不易追赶

1. 需求对价格不敏感，难以发挥我国的低成本优势

高端机床主要用于需要高速、高精密、多轴联动等高端制造业的场景，特别是航空航天、消费电子、汽车及军工等领域。高端机床作为重要的加工设备，具有两个显著特点：

一是用户对产品的性能非常了解，高端机床的精度、速度等各种指标非常具体，另外，机床的质量，特别是可靠性、稳定性、精度、效率等都会充分体现在用户的使用过程中，因此，只有产品性能和质量真正达到较高的水平，才能切实满足市场需求，获得应用机会。

二是从用户来看，购买高端机床的成本与生产线的整体投入相比较小，如果机床质量不稳定、不过关，后期带来的损失可能较大，因此高端机床的价格并非用户选择的主要因素。对于生产企业来说，投资设备的资金作为固定成本会摊销到每一个产品上，只要订单稳定，设备投资摊销占总成本比例并不大。而一旦机床出问题，往往会对整个生产造成巨大的影响，制造商的损失可能很大。所以高端制造商一般偏向选择合作时间较长，价格稍微高，性能更稳定一些的设备。

由于上述两个特征，高档机床具有显著的“优质优价”特征，用户选择时更加倾向在业内具有较好品牌效应，质量可靠的产品。对于国内生产企业来说，由于质量往往会低于国外产品，因此在市场竞争中处于天然不利的地位，存在“后发劣势”。

2. 高档机床是知识技术密集型产业，需要高技术且稳定的人才队伍，难以通过大量投资实现赶超

高端机床难以仅靠高端设备和装备来保障质量，与其他产品相比，对研发人员、技能人才的依赖程度更高。对于多数产品而言，只要生产设备好，辅助工具好，产品质量基本可以得到保证。然而机床生产

往往属于小批量、定制化生产，难以实现自动化和少人化，目前实现柔性自动化的仅仅是机床床身等少数部件，设计、装配和调试才是最重要的价值增加环节，而这些环节的质量很大程度上取决于人的经验和诀窍，机床是一种“高技巧的劳动密集型产业”，需要大量的、稳定的、心无旁骛的高级技工。目前欧洲、日本、韩国等地区都拥有大量的高级技工人才。这类人才成本大约是月薪 2 万 ~ 5 万元人民币。如果低于这个薪资待遇，几乎无法吸引足够优秀人才，其产品也只能维系在中低端水平，目前我国机床行业从业人员平均收入远低于 2 万元，高端人才往往很难安心长期从事机床生产，机床产业难以形成长期稳定的高素质人才队伍。

3. 市场规模有限，难以通过量产积累经验和实现赶超

机床行业的市场规模较为有限。即便是通用型机床，其产量也往往非常有限。比如某零件的年产量是 10 万件，那么也许由 5 台机床组成的生产单元就满足要求了。对于不少通用型机床厂商来说，若某型号产量超过 50 台就算量产了。另外，机床是耐用品，一台机床可以用很多年，所以机床行业不发生萎缩的前提是制造业不断扩充产能，一旦经济增速下降，那么对新机床的生产需求就会下降。2011 年以来，我国依然保持了 6% 以上的较快经济增速，但金属切削机床产量已经从 2011 年的近 89 万台下降到 2019 年的 42 万台，正体现了机床需求的这种特点。

机床产品的需求具有差异化特征。机床基本上都是面向专业市场，大型加工企业往往要求机床厂商配合其工艺流程设计加工单元或柔性自动化生产线，产品呈现定制化特征，而且越是往高端发展，客户的专业化程度越高，不少高端需求都会要求定制开发专用机型。所以从整个机床行业看，难以形成大型的企业，行业结构以大量“专精特新”企业为主。

正由于机床产业总体规模有限，而且需求高度差异化，因此我国不少行业的传统追赶模式不再有效。传统的追赶模式是生产商利用低成本优势获得大量订单，通过量产获得生产经验，并将利润的一部分投入研发并升级设备和技术，然后再进一步获得更多的订单和更高的利润，并向中高端产业升级。我国在很多传统制造行业如纺织服装、鞋帽、玩具、家电、手机等基本都是采用了从中低端向中高端升级的模式。这种升级模式需要满足两个条件，一是中低端产品在行业中占有较大的份额，二是技术进步不能太快。如果中低端企业的市场容量较小，其用于研发的投入始终无法赶上行业领跑者的投入和技术进步速度，如果技术进步速度快，头部企业不仅可以快速提升产品性能，甚至可以获得成本优势，这两种情况下单靠企业自身的力量很难赶上领先企业，很难实现向中高端的攀升。

（二）我国的国情或体制机制原因

1. 企业数量多，行业过度竞争效益低下

我国经济规模大，各地区市场较为分割，特别是在机床产业快速发展时期，有着巨大的市场需求，吸引了大量的企业进入机床生产行业。但是，在 2011 年后的机床下行期，这些企业往往难以通过市场化的机制迅速退出，导致行业竞争越来越激烈。例如，从 2011 到 2018 年，我国金属切削机床产量从 88.68 万台下降到 54.07 万台，减少了约 40%，但规模以上企业数量反而从 609 家增加到 744 家（见图 11）。

激烈的竞争也导致大量的企业处于亏损或微利状况。据统计，2017 年，我国机床全行业亏损企业占比达 33.8%，2019 年 12 月机床工具行业亏损面为 15.1%。其中金属切削机床行业亏损面达到 24.9%。机床工具工业协会重点联系企业 2019 年 12 月亏损企业占比为 30.0%。其中金属切削机床

行业为34.4%[①]。在长期市场低迷、经营困难的情况下，企业难以投入足够的资金创新研发，产品结构得不到更新，转型升级效果不理想。部分企业为适应市场需求和国家重点领域对高端机床的需求，研发了一批高端产品，但尚未批量推向市场，而且配套件主要靠进口，形成不了企业的盈利来源。

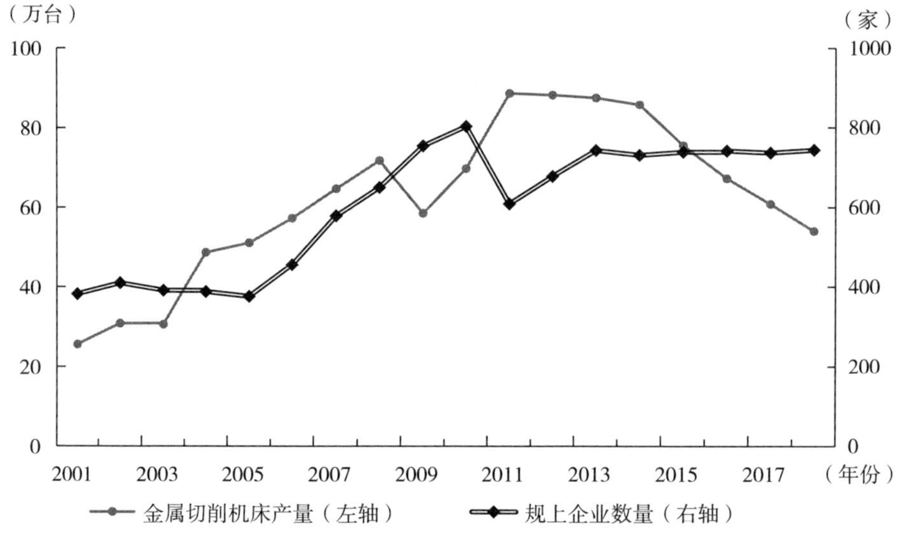

图 11　我国金属切削机床的产量和规模以上企业数量的变化[②]

资料来源：国家统计局，中国机床工具工业年鉴。

2. 部分国有机床企业的管理模式不能适应行业发展的特点

与其他很多产业相比，机床行业，尤其是高端机床难以通过技术引进和设备的更新改造来提升产品质量，因此特别需要技术的积累和沉淀，需要企业团队的稳定经营。国外机床企业很多都是家族企业，可以在很长的时间内坚守主导产业，坚持不断积累发展。例如，日本发那科

---

① 中国机床工具工业协会，“2019 年我国机床工具行业经济运行情况分析”。

② 2011 年起，国家统计局将规模以上工业企业的营收标准从 500 万元提高到 2000 万元，因此图中 2011 年的规模以上企业数量明显小于 2010 年。

公司的老社长管理了企业近30年，后面又由老社长的儿子和孙子持续管理；日本山崎马扎克，第二代领导人管理了企业近50年，目前的第三代家族领导人也已经管理20余年；日本大隈机床前任社长则在工厂待了整整55年，去年刚刚上任的社长在工厂已经工作35年[①]。而我国的一些国有机床企业，企业家往往是到年龄退休，更换频繁，这样就会出现一些企业领导人更换后，企业经营管理层的人员、发展经营战略、创新投入和创新方向等出现较大变化，对企业发展造成较大影响。

一些国有机床企业还受到地方政府扩大规模的考核压力。机床产业的一个特点是规模小，增长慢，很多地方政府都存在通过金融、项目和土地政策去鼓励企业把规模做大，把地方经济做大做强的倾向，而国有企业更容易受到政府目标的影响。一些机床企业由于规模盲目扩大，最终陷入大量负债、经营困难的局面，还有一些企业选择跨行业发展，例如进入房地产行业等，盲目的多元化经营往往风险很大，甚至把企业拖入困难境地。

（三）高端数控机床的发展面临强力的国际保护和竞争

1. 高端机床的技术一直是国际封锁的重要领域

高端数控机床是巴统协议、瓦森纳协定的重要控制内容。1949年在美国的提议下秘密成立的“输出管制统筹委员会”（又称“巴黎统筹委员会”，简称“巴统”），从成立时起，就开始对中国进行出口限制，其中高端机床是重要的限制内容[②]。在“巴统”于1994年解散后，1996年以西方国家为主的33个国家签署的《瓦森纳协定》，同样把高端机床作为重

① 林雪萍，“中国机床之路，为什么越走越窄？浮沉中国机床路”，《知识自动化》2020年6月4日。

② 吴钧，“日本根据巴统新规定修改对社会主义国家出口机床限制”，《装备机械》，1991年12月。

要条目。虽然《瓦森纳协定》不具备强制性，各国仍然可以根据自己的规范决定是否出口，但实践中，日本、美国及其他国家仍然管制得非常严格。

2. 难以通过国际并购有效提高高端数控机床的发展水平

一方面由于发达国家对高端机床技术严格管制，另一方面由于机床企业严重依赖于就业人员的技能，很多生产技术并不能固化于装备中，因此也难以通过国际并购有效提高我国高端机床的水平。2004 ~ 2010年期间，在我国机床需求快速发展，而且欧美对机床限制还不太严格的时候，我国成功实现了多起机床跨国并购。例如，沈阳机床和北一机床分别收购了龙门铣床的顶级品牌希斯和瓦德里希科堡，杭州机床集团则收购了德国 aba z&b 磨床公司，大连机床集团控股了德国兹默曼（F.Zimmerman），哈尔滨量具刃具集团收购了德国凯狮（KELCH）等。然而这些并购多数没有获得成功。aba 于 2010 年申请破产，被德国同行接收；KELCH 在 2010 年申请破产，重组后在德国新厂运营；瓦德里希科堡自 2011 年后连年亏损；大连机床被兹默曼原股东于 2012 年收回股份，而希斯则在 2019 年年初申请破产[①]。

3. 激烈的国际竞争也对国内企业研发带来了外部挑战

国产机床面对激烈的国际打压也是难以升级的重要原因。机床产业的研发和突破需要大量的时间和成本，而这些项目一旦成功，不少国际厂商会将相应产品价格大幅度下降，导致研发企业亏损或者难以为继。例如，武汉华中数控股份有限公司董事长陈吉红说道，我们产品没做出来时人家封锁，产品刚一做出来，国外企业的同类产品就降价，我们最后就是白干了。武重机床集团有限公司科技管理部部长李升说：“我们

① 林雪萍，“中国机床之路，为什么越走越窄？浮沉中国机床路”，《知识自动化》2020 年 6 月 4 日。

2003年开始跟华中数控等几家单位联合研究7年，研发七轴五联动机床。那台床子刚做出来，国外就放开卖，我们只做了一台就没市场了。如果不是国企的担当，我们肯定不会做这种事。前年听说这种设备（国外）又不卖给我们了。”①

三、国际高端机床产业发展的特点及发展经验

从全球看，日本、德国、瑞士、美国，包括韩国等地，机床产业都取得了较好的发展，其中瑞士的经验较具有代表性。李泽湘（2020）②和王节祥（2019）总结了瑞士高端机床发展的几条主要经验，对如何加快我国高端机床发展具有一定的参考和借鉴意义。

（一）双元制职业教育为机床产业提供了高素质技工人才

瑞士学生在八九年级（十四五岁甚至更早）时会去有实习资质的企业实习，决定自己的兴趣所在和职业规划。从16岁起，超过80%的瑞士学生选择进入职业技术学校开展3～4年的“双元制”学习。只有20%不到的学生会选择读大学。进入职业技术体系的学生，会选择一个职业（比如机械师、模具师等），每周花2～3天的时间在学校学习理论课程，2～3天的时间在企业实习。通过4年的历练，入读职业技术学校的学生学会了该领域的基本理论、掌握了实操能力、获得了相关的工作经验以及不错的薪酬。职校毕业生工作后还可以选择夜校或者应用科技大学继续深造。

---

① 经济导刊编辑部，“当前我国机床工业面临的形势与问题”，《经济导刊》，2019年第9期。
② 李泽湘：瑞士机床产业的启示，《知识分子》2020年5月。

（二）科学的产业创新体系提高了瑞士机床的创新能力

瑞士设立的开发中心与技术中心为机床行业发展提供了技术支持。由联邦政府资助，瑞士联合技术公司和瑞士苏黎世联邦理工学院（ETH）共同创建的技术能力中心——Inspire AG，是一直以来向瑞士机械和电气工程行业转让技术的领先瑞士技术中心。Inspire 共有员工 70 多人，每年运行经费 1100 万瑞士法郎，所涉及 6 个研究方向包括材料、制造工艺、3D 打印、机床设计、工业 4.0 和产品测试与评估。与之匹配的大学研究所有 6 家：机床与制造研究所，设计、材料与制造研究所，动力系统与控制研究所，机器人与智能制造研究所，制造流程研究所等。Inspire AG 汇集业内最佳合作伙伴（优秀企业）和高校合作进行技术研究，为企业提供技术解决方案。

（三）强大的协会发挥了重要的沟通和桥梁作用

瑞士机械电子工程工业协会（Swissmem）是机械和电气工程行业（MEM 行业）及相关技术领域的中小企业和大型公司的领先协会，拥有许多强大的网络：包括 27 个专家小组，以及各种经验分享小组和论坛，这些网络为成员公司提供了就技术问题进行对话或共同项目工作的机会。此外，由瑞士 79 家最主要的机床制造商联合成立的“机床业集团”，每年向技术研究机构提出有关机床设计和制造技术的研究任务，为国家准确确定最优技术攻关方向提供重要的建议。

四、提升我国高端数控机床产业链现代化水平的建议

总体来看，高端机床这种规模不大、技术密集度高，对价格需求不敏感的产业，本身并不存在后发优势，只有后发劣势，难以走传统的

“以价换量，先大后强”式追赶道路，也很难单独依靠高强度资金投入和技术研发创新来实现赶超，因而仅靠市场力量难以实现追赶目标，仅靠资金投入和研发创新也还不够，振兴机床产业，实现高端机床的自主可控，还需要系统的体制机制创新。

（一）充分发挥需求对高档机床的带动作用

发挥我国军工、国企等高端机床需求对国内企业的集中带动作用，除极少数特需的产品外，应该主要采购使用国产高端机床，并且应按照产业链安全、自主可控的目标，科学设定国产化比率，不断提高全产业链自主可控能力。发挥军工、国企等对高端机床的提出需求和迭代、应用提升的作用，使国产高端机床有用武之地。

（二）促进兼并重组和顺畅退出，配合采取白名单制度引导行业优胜劣汰

一方面，加强对行业内僵尸企业的退出力度；另一方面，优化兼并重组的环境，使国内机床企业数量能够随市场需求的变化而顺畅调整，改善行业企业低价恶性竞争的现象。

设立机床行业规范条件，鼓励企业申请行业规范条件审核，对符合规范条件的列入行业发展白名单。这一白名单企业应具有较强的生产能力，特别是质量控制和售后保障能力，引导社会资源向白名单企业集中，促进形成优胜劣汰的良好氛围，通过规范行业发展秩序，促进行业有较高的盈利水平和研发能力。

（三）加强产业共性技术和基础原料的研发

国家高端机床的重大专项，应主要转向支持产业共性技术的研发。

加强企业、科研院所和高校在共性技术研发的合作，为产业发展提供关键技术支撑。

（四）强化资金保障，加强工匠精神，培育机床产业技术人才

依托重点机床企业，构建培养机床产业人才的技术学校。通过个人兴趣培养和类似双元制教育为机床企业提供人才支撑，大幅度提高机床企业技术人员的薪酬水平，引导更多人才投入机床事业发展中，鼓励机床企业塑造企业文化和工匠精神，引导机床企业聚焦主责主业，矢志不渝地提高技术和质量水平。

执笔人：许召元

产业二

提升新能源汽车产业基础能力和产业链现代化水平

本文围绕新能源汽车产业链短板与现实问题，提出强基、补链、强链的措施与建议。

一、产业链基础能力现状与短板

新能源汽车（以纯电动汽车为例）产业链主要包括上游的动力电池及管理系统、电驱动系统、电空调、电制动、电转向，中游的整车，下游的充电基础设施及出行服务（见图1）。

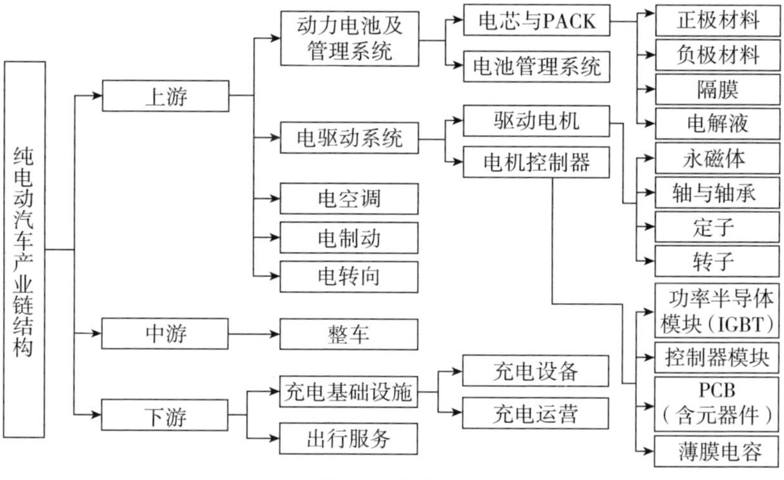

图1　新能源汽车产业链示意图

总体来看，整体技术水平仍有提升空间。电控系统自主研发能力大幅提升；电机系统核心控制件技术尚未掌握，与国外差距较大，车辆控制器、转动系统及底盘控制系统等所用芯片几乎均需要从国外进口。

在动力电池领域，我国动力电池企业的装机市场占有率较高。其中，多家企业已成为全球知名的新能源汽车零部件供应商，其动力电池配套车型集中在中高端，包括宝马、大众、戴姆勒等。动力电池关键材料方面，基本已实现国产化，我国目前是磷酸铁锂、锰酸锂、三元材料前驱体、石墨负极材料、钛酸锂负极材料、电解液和 PP/PE 隔膜等的全球最大生产地。在正极材料方面，日本和韩国企业掌握着最先进技术，我国龙头企业的高镍三元材料技术研发接近国外先进水平，并实现规模化量产。在负极材料方面，我国和日本企业占据着市场主导地位，多家企业已经进入国际配套体系，为三星等全球知名电池厂家批量供货。在电解液材料方面，日韩企业为全球市场主要供应商，中国产量增速高于全球平均水平。在隔膜材料方面，高端隔膜以日美韩企业为主，近年来国内隔膜企业技术实力、业务规模及生产效率有所提升，湿法隔膜产量和性能接近国外企业水平，并凭借成本优势逐渐实现对进口隔膜替代，隔膜国产率逐渐提升。

在智能网联领域，差距也较大。高精度地图和 V2X 通信技术[①]有优势，但也存在短板，一是传感器技术，当前面临品种缺失，基础传感器集成芯片缺失，没有规模能力的产品供应商；车载环境感知系统（车载视觉系统、车载毫米波雷达、车载激光雷达）的芯片设计、核心算法、制造工艺、使用寿命、批量生产等方面与国外差距较大。二是车载计算平台，这是实现无人驾驶技术的核心，是智能网联汽车发展中的制高

① 车用无线通信技术（Vehicle to Everything，简称 V2X）。

点。目前我国车载计算平台核心芯片均来自国外大型公司。没有自主芯片、基础软件和操作系统，国内上层应用软件产业链及下层硬件产业链就只能适配国外基础软件和操作系统。

二、提升新能源汽车产业基础能力和现代化水平的紧迫性

（一）核心技术供给不足，存在被“卡脖子”风险

总体来看，粗放式发展环境、严重的后发劣势、不合理的汽车市场结构、零部件领域的基础能力和工艺水平存在短板，这是汽车产业核心技术不足的根本原因，即使是新能源汽车领域，也越来越呈现出这些特征。我国汽车工业严重依赖外国供应商提供汽车所需的电子器件，而美国试图对我国进行技术封锁或限制已不是第一次，近年来尤为频繁。比如就在2020年年初，美国政府再一次出手，限制地理空间图像软件的出口，此类软件是用来培训深度学习卷积神经网络专用，使地理空间图像分析等实现自动化，是自动驾驶领域所必需的软件。所以，我国要对汽车核心技术和底层技术加速研发，以减轻对美国的技术依赖，掌握更多自主性。

（二）经济社会绿色化发展，要求更低碳、更环保的出行方式，迫切要求掌握降低能耗的核心技术

进入21世纪，我国经济社会在发展中加快调整转型，同时也面临各种挑战，气候变化、能源和环境问题、老龄化、消费升级等，迫切要求汽车产业转型升级。比如在气候领域，全球气候正在发生变化，需有所行动。据NASA统计观测，目前全球平均地表温度不仅比1951 ~ 1980年期间要高，而且自1977年以来就一直高于1951 ~ 1980年期间的平均

值，而且呈明显的上升趋势。

（三）外资投资限制放开，外部竞争和挑战加剧，追切要求掌握核心技术

汽车行业分类型实行过渡期开放，2018 年取消专用车、新能源汽车外资股比限制；2020 年取消商用车外资股比限制；2022 年取消乘用车外资股比限制，同时取消合资企业不超过两家的限制。通过 5 年过渡期，汽车行业将全部取消限制。

从具体车型来看，特斯拉在上海建厂并完成规模化生产，零售价格经过补贴后已大幅下降到 30 万元以内，市场竞争激烈。在动力电池方面，2019 年 6 月废止《汽车动力蓄电池行业规范条件》，我国动力电池市场正式对外资电池开放。2020 年，国内外动力电池企业在全球最大的新能源汽车市场竞争。据不完全统计，松下、SK、LG 化学、三星 SDI 这 4 家企业近一年在我国投资动力电池产业总额已经超过 570 亿元。

（四）汽车电池市场需求巨大，追切需要发展更先进的电池技术

2019 年诺贝尔化学奖授予约翰・古迪纳夫、斯坦利・威廷汉姆和吉野彰，以表彰他们“对锂离子电池研发领域”的贡献，这三位发明家“创造了一个可充电的世界”。多年来，消费电子产品一直是主驱动力。2019 年，电动汽车变成主驱动力。彭博新能源财经（BloombergNEF）预计，到 2025 年，乘用车对锂离子电池的需求将比消费电子产品的需求高出 4 倍多。

（五）全球新一轮科技革命大背景下，必须提升产业基础能力

新一轮科技革命和产业变革正在兴起，人工智能、大数据、5G 通信、

云计算等技术催生大量新产业、新业态、新模式，汽车与能源、交通、信息通信等领域加速融合，推动汽车产品形态、交通出行模式、能源消费结构和社会运行方式发生深刻变革，电动化、网联化、智能化、共享化正在成为汽车产业发展潮流和趋势。在这种背景下，汽车产业发展存在很多机会，是未来技术发展、世界经济持续增长的重要引擎。

（六）智能网联技术发展，给汽车产业带来机遇，同时也面临安全考验

物联网是互联网发展的第二阶段，且有越演越烈之势。贝恩资本估计，到 2021 年，物联网领域的总支出将达到 5200 亿美元。麦肯锡认为，到 2025 年，物联网的经济影响可能会高达每年 11.1 万亿美元。Arm 认为，到 2035 年，全世界将有一万亿台互联计算机，将被置入食品包装、桥梁、衣服等各种事物中。

作为物联网发展的四大驱动力之首（另外三个为可穿戴设备、家庭智能硬件、制造业），车联网技术在未来大有可为。美国权威机构预计到 2035 年全球智能驾驶汽车销量将超过 1000 万辆；到 2022 年全球联网汽车的市场保有量将达 3.5 亿台，市场占比达到 24%，具有联网功能的新车销量将达到 9800 万台，市场占比达 94%。

另外，物联网不断兴起，网络安全保护却发展滞后，消费者对于联网汽车等易受黑客攻击现象产生担忧，必须发展自主可控核心技术。2015 年 7 月，黑客成功完成远程嵌入，让一辆正在高速上疾驰的吉普切诺基抛锚。不免担忧，如果公路上都是谷歌汽车，整个网络瘫痪了怎么办？ 2015 年，两名研究人员现场演示，远程控制一辆行驶中的菲亚特汽车，可打开音响、雨刷、切断发动机、刹车，甚至控制方向盘。

（七）得益于我国在数字经济领域的创新发展优势和新能源汽车产业发展规模，新能源汽车产业突围已成为可能，需把握机遇

据不完全统计，截至2019年年底，机动车保有量达3.48亿辆，小型载客汽车保有量达2.2亿辆，新能源汽车保有量达381万辆。虽然汽车保有量如此之多，但我国远不是一个汽车强国。越来越多的迹象表明，如果无人驾驶汽车能普及，首先会是在我国实现。

一是得益于我国在计算机、信息技术、5G、卫星导航等领域有相对技术优势和生态优势。智能汽车时代，汽车厂商和互联网公司都在争夺对汽车的主导权，我国可发挥软件领域的优势，扬长避短，弥补在精密仪器、关键材料和零部件、动力方面的不足。

二是国外严苛法律和监管限制，严重影响汽车产业发展。按照西方汽车制造商多年的承诺，今天应该满大街都是无人驾驶汽车了，但现实并非如此。虽在技术方面，Alphabet子公司Waymo和通用汽车子公司Cruise领先，但我国积极推进有利于无人驾驶发展的标准和规定，如将国家级测试道路接入城市道路网，在不可避免的事故中限制无人驾驶汽车企业的法律责任等，有助于和国外企业在竞争中取得优势地位。

三是具有强大市场，这也是国外所不可比拟的优势。如有一些无人驾驶企业，通过较简单任务的自动化来盈利，让它们得以继续朝着更全面的无人驾驶迈进。如酷哇机器人向某地政府部门出售了自主扫街机器人，地平线机器人公司为该企业提供无人驾驶专用计算机。

三、政策建议

（一）短期来看，克服疫情冲击影响

受新冠肺炎疫情冲击，要保持产业链和供应链稳定。针对当前国外

疫情蔓延产生的供应链断裂风险，需引导国内整车企业加强海外供应商生产经营的监控预警，适当增加关键核心零部件、关键基础原材料、关键设备的库存，保持产业链和供应链稳定。

另外，需抓住疫情错位暴发期，加大对内对外开放力度。目前为止，我国企业实现复工复产，保证了产业链上下游的正常运转，而国外仍处于疫情蔓延期，欧美汽车行业整体收缩。一是鼓励"走出去"。可鼓励本土零部件企业开拓海外市场，增加国际配套的能力；鼓励企业参与全球产业链分工，利用技术外溢效应提高技术创新能力。二是鼓励引进来。如利用当前特斯拉等汽车企业"买中国、雇中国、卖中国"模式（即原材料和零部件来自中国，员工来自中国，制成品卖到中国市场），争取更多国产零部件企业进入特斯拉等跨国企业供应商序列，通过合作研发等方式掌握新能源汽车核心技术。

（二）中长期来看，顺应新能源汽车产业发展大趋势，加强核心技术研发，助推产业结构升级，形成上下游产业链的竞争优势

1. 要构建社会主义市场经济条件下关键核心技术攻关新型举国体制

把集中力量办大事的制度优势、超大规模的市场优势同发挥市场在资源配置中的决定性作用结合起来。一是加强政府的顶层设计和统筹能力，强化部门协同，促进新能源汽车与能源、交通、信息通信深度融合，统筹推进技术研发、标准制定、推广应用和基础设施建设，建立横向协同、纵向贯彻的协调推进机制。二是建立以企业为主体、市场为导向、产学研深度融合的技术创新体系，支持大中小企业和各类主体融通创新，支持企业跨界协同，联合攻关基础交叉关键技术，提升新能源汽车及关联产业融合创新能力。三是健全符合科研规律的科技管理体制和政策体系，改进科技

评价体系。

2. 要加大基础研究投入，健全鼓励支持基础研究、原始创新的体制机制

目前企业将大量资本投入可快速变现的新能源汽车产业应用中，在基础研究中投入不够，要继续坚持加大在外界环境感知、智能决策、自动控制、高精度地图与定位、信息交互等方面的投入。要完善激励和保护创新的制度环境，继续加强知识产权保护的力度，提高维权效率和侵权成本。要在基础元器件、电池、电机、整车等领域，加强基础物理化学研究，如与全球物理化学家加强合作，定期赞助全球学术会议等，以此来加强基础研究，进而带动技术创新和产品质量提升。

3. 完善科技人才和熟练工人的发现、培养、激励机制

技术的差距实质是人才的差距。未来汽车（新能源汽车）产业高质量发展，除了设备和工艺技术，人的作用也至关重要，需要三者的有机统一。一是弘扬科学精神和工匠精神。培育重视技术的环境和精神，鼓励企业利用多种形式留住老员工，激励员工专心从事本岗位工作，专注技术提升，不断积累和改进。二是建立高端设计制造人才的培养机制。目前我国在汽车产业链上仍然被牢牢锁定在价值链中低端，急需汽车设计制造的资深工程师等高端人才。国家、企业、高校、科研院所要探索形成产学研联合培养高端资深汽车工程师和专业技术人才的长效机制。三是坚持房子是用来住的、不是用来炒的定位，稳地价、稳房价、稳预期，让企业和员工浮躁的心重新聚焦在主业上。

4. 优化产业政策

一是各项扶持政策要有明确的“落日条款”（对政策有效期的规定），保持政策的稳定性与连续性，既激励企业尽快提高竞争力，提高企业的危机意识，又能稳定企业预期，减少盲目投资决策。二是对产业组织合

理调整和改善，既要防垄断，又要防止无序竞争，加强区域产业布局规划的协调，防止低水平重复布局和地方“一哄而上”现象，鼓励适度合并，规模化发展，提高竞争能力。三是加快建立智能网联汽车部委间有效协同机制，在法律法规、技术标准等领域统筹考虑。四是要有效发挥行业机构的作用。行业机构是行业形象和企业利益的代言人，它更了解企业需求，也更符合国际规则，可依托行业机构统筹推进资源共享、科技中介、成果转化等各类创新服务，提高技术转移、信息服务、人才培训、项目融资、国际交流等公共服务支撑能力。

5. 创新监管方式，既要多部门协同，又要审慎包容监管

未来汽车产业发展涉及能源、交通、信息互联，涉及的行业部门和产业部门非常之多，只有各个行业共同合作，才能推进共享出行事业取得发展。同时，针对新事物新模式，需做到“包容性监管”，既不要管得过度，也不要放任自流，需保障公平竞争的市场环境，让企业在试错中找到通向成功的道路。

执笔人：周　毅